KEDA BLACK
Photographies de Charlotte Lascève
Stylisme de Sabrina Fauda-Rôle et Christine Légeret

1 PLAT 3 DÉCLINAISONS 0 DÉCHET

Cuisiner sans gaspiller

MARABOUT

Sommaire

Avant-propos

Parfois, les restes sont ce qu'il y a de meilleur dans un plat… Tout dépend de ce qu'on en fait. Ce livre propose de jouer sur les déclinaisons d'une même « grande » recette, facile à réaliser, dont seule la cuisson prend éventuellement un peu de temps.

Le week-end, on cuisine un pot-au-feu, un grand curry de légumes, une belle ratatouille dont on profite le jour même… Et le lendemain, voire le surlendemain, on décline : la viande se transforme en délicieuses boulettes, les légumes vont dans une tourte, le reste de riz devient un appétissant riz sauté, la sauce tomate se mue en chili, la carcasse du poulet devient la base d'un bouillon parfait…

Cuisiner tous les jours des recettes différentes peut vite être chronophage, voire compliqué. Ici, on profite d'un moment de cuisine pour préparer en plus grande quantité, donc sans y passer plus de temps, mais sans se condamner non plus à manger plusieurs jours la même chose, grâce à des idées, techniques et astuces qui changent la vie.

Comment utiliser ce livre ?

1 PRÉSENTATION DES RECETTES

La recette principale

Les propositions pour cuisiner les restes

Le nom du plat et la page dans le livre

Ce qu'il faut garder pour la déclinaison

La page où retrouver cette recette

La photo de chaque plat préparé avec les restes de la recette principale (déclinaison)

2 GUIDE VISUEL DES COURSES

Une page pour la recette principale

Un page pour les déclinaisons

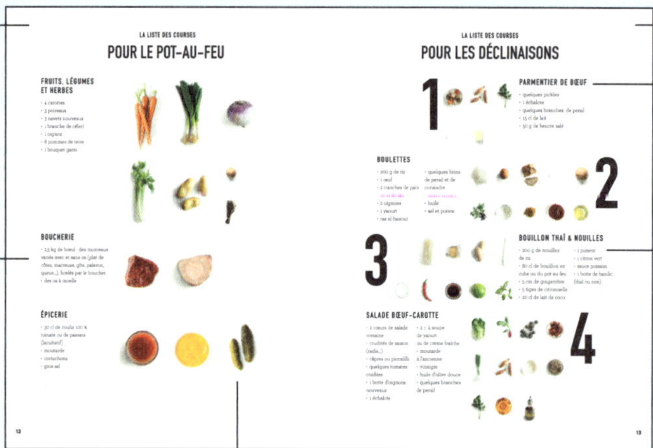

Le nom de la recette

Tous les ingrédients classés par catégories

La liste des ingrédients à prévoir pour chaque recette

La photo de chaque ingrédient

3 LA RECETTE PRINCIPALE

Le nom de la recette

Les étapes de réalisation

Le nombre de personnes
et les temps de préparation

La photo de
la recette finalisée

La liste des ingrédients
nécessaires

Le mémo pour anticiper la
préparation des déclinaisons

4 AVEC LES RESTES, JE CUISINE AU CHOIX :

La photo de la
recette finalisée

Le temps
de préparation

Le nom du plat

Ce qu'il faut faire

POT-AU-FEU

P. 14

AVEC LES RESTES DU POT-AU-FEU, JE CUISINE AU CHOIX :

1 PARMENTIER DE BŒUF
P.16

Avec les restes de viande

2 BOULETTES
P. 17

Avec les restes de viande et de légumes

3 BOUILLON THAÏ & NOUILLES
P. 18

Avec les restes de bouillon, de viande et de légumes

4 SALADE BŒUF-CAROTTE
P. 19

Avec les restes de viande et de légumes

LA LISTE DES COURSES

POUR LE POT-AU-FEU

FRUITS, LÉGUMES ET HERBES

- 4 carottes
- 3 poireaux
- 3 navets nouveaux
- 1 branche de céleri
- 1 oignon
- 6 pommes de terre
- 1 bouquet garni

BOUCHERIE

- 2,5 kg de bœuf : des morceaux variés avec et sans os (plat de côtes, macreuse, gîte, paleron, queue...), ficelés par le boucher
- des os à moelle

ÉPICERIE

- 30 cl de coulis 100 % tomate ou de passata (facultatif)
- moutarde
- cornichons
- gros sel

LA LISTE DES COURSES

POUR LES DÉCLINAISONS

1

PARMENTIER DE BŒUF

- quelques pickles
- 1 échalote
- quelques branches de persil
- 15 cl de lait
- 50 g de beurre salé

2

BOULETTES

- 200 g de riz
- 1 œuf
- 2 tranches de pain
- 10 cl de lait
- 2 oignons
- 1 yaourt
- ras el-hanout
- quelques brins de persil et de coriandre
- sauce tomate
- huile
- sel et poivre

3

BOUILLON THAÏ & NOUILLES

- 200 g de nouilles de riz
- 80 cl de bouillon en cube ou du pot-au-feu
- 5 cm de gingembre
- 5 tiges de citronnelle
- 20 cl de lait de coco
- 1 piment
- 1 citron vert
- sauce poisson
- 1 botte de basilic (thaï ou non)

4

SALADE BŒUF-CAROTTE

- 2 cœurs de salade romaine
- crudités de saison (radis...)
- câpres ou piccalilli
- quelques tomates confites
- 1 botte d'oignons nouveaux
- 1 échalote
- 2 c. à soupe de yaourt ou de crème fraîche
- moutarde à l'ancienne
- vinaigre
- huile d'olive douce
- quelques branches de persil

Pot-au-feu

POUR 4 PERSONNES
PRÉPARATION : 20 MINUTES
CUISSON : 3 À 4 HEURES

2,5 kg de bœuf : des morceaux variés avec et sans os (plat de côtes, macreuse, gîte, paleron, queue...), ficelés par le boucher
des os à moelle
4 carottes
3 poireaux
3 navets nouveaux
1 branche de céleri
1 oignon
1 bouquet garni : thym, laurier, persil plat
6 pommes de terre
30 cl de coulis de tomate 100 % tomate ou de passata (facultatif)
moutarde
cornichons
gros sel

Laver et éplucher les légumes. Couper les poireaux en tronçons. Mettre la viande dans un grand faitout avec 1 carotte, 1 morceau de poireau, 1 navet, le céleri, l'oignon et le bouquet garni. Couvrir d'eau froide. Amener doucement à ébullition, ajouter 1 cuillerée à soupe de gros sel.

Baisser le feu et laisser cuire à tout petit feu, à découvert, en écumant de temps en temps, pendant 3 à 4 heures, le temps que la viande soit bien tendre et se détache facilement des os. 20 minutes avant la fin de la cuisson, ajouter les os à moelle après avoir pressé du gros sel dessus.

Retirer la viande, passer le bouillon à travers une passoire au-dessus d'une grande casserole. L'idéal, si on a le temps, est de laisser refroidir complètement le bouillon et de le mettre au réfrigérateur : on peut ensuite facilement ôter la couche de graisse remontée à la surface.

Une demi-heure avant le repas, porter le bouillon à ébullition dans le faitout et y plonger les carottes, les pommes de terre et les navets restants. Au bout de 20 minutes, ajouter les poireaux et laisser cuire encore 10 minutes.

Remettre la viande dans le bouillon juste le temps de la réchauffer. Faire chauffer le coulis de tomates. On peut aussi faire réduire 2 verres de bouillon dans une petite casserole à feu moyen jusqu'à consistance un peu sirupeuse.

Servir la viande avec les légumes, le coulis, le bouillon réduit, de la moutarde et des cornichons.

Mémo pour les déclinaisons

PARMENTIER
P. 16
Désosser 300 g de viande restante, la hacher au couteau. Se garde jusqu'à 3-4 jours au frais

BOULETTES
P. 17
Désosser 300 à 400 g de viande, la hacher au couteau avec les légumes restants. Se garde jusqu'à 3-4 jours au frais.

BOUILLON THAÏ
P. 18
Garder un peu de viande et de légumes. Garder 80 cl à 1 litre de bouillon, jusqu'à 3-4 jours au frais ou 1 à 2 mois au congélateur.

SALADE
P. 19
Garder de la viande et des légumes jusqu'à 3-4 jours au frais.

STAUB

PARMENTIER DE BŒUF

Prêt en 1 heure

Désosser et hacher la viande (300 g) au couteau. Mélanger dans un plat avec des pickles, du persil et 1 échalote hachés, bien assaisonner. Préparer une purée : mélanger 400 g de restes de pommes de terre (et un peu des autres légumes, faire cuire des pommes de terre en plus si besoin), 15 cl de lait chaud et 50 g de beurre salé. Étaler sur la viande. Cuire 25 minutes au four préchauffé à 180 °C.

BOULETTES

Prêt en 45 minutes

Préparer une sauce au yaourt : mélanger 1 yaourt, un peu d'huile, du persil et de la coriandre hachés, du sel et du poivre. Hacher finement 300-400 g de viande. Mélanger avec 1 œuf, la mie de 2 tranches de pain trempée dans du lait. Ajouter du persil, de la coriandre, des oignons hachés et 2 c. à café de ras el-hanout, assaisonner. Former des boulettes et les cuire à la poêle dans de l'huile ou 30 minutes au four préchauffé à 180 °C. Servir avec quelques légumes restants et la sauce.

déclinaison n° 3

BOUILLON THAÏ & NOUILLES

Prêt en 15 minutes

Faire frémir 80 cl de bouillon avec 5 cm de gingembre râpé, 3 tiges de citronnelle écrasées et 1 piment pendant 30 minutes. Filtrer, réchauffer avec 20 cl de lait de coco. Servir avec 200 g de nouilles cuites (selon les indications sur le paquet), un trait de sauce poisson et de jus de citron vert, du zeste de citron vert, 2 tiges de citronnelle en rondelles, du basilic (thaï ou non), un reste de viande et de légumes du pot-au-feu coupés en lamelles.

SALADE BŒUF-CAROTTE

Prêt en 15 minutes

Réunir viande froide et légumes en morceaux, cœurs de salade romaine, crudités de saison (radis…), câpres ou piccalilli, tomates confites et oignons nouveaux émincés. Servir avec une sauce : mélanger 1 c. à café de moutarde à l'ancienne, ½ c. à café de vinaigre, du persil haché, 1 échalote émincée, 2 c. à soupe de yaourt ou de crème fraîche et 2 c. à soupe d'huile d'olive douce.

POULET RÔTI

P. 24

AVEC LES RESTES DU POULET RÔTI, JE CUISINE AU CHOIX :

1 LE BOUILLON
P. 26

Avec la carcasse du poulet

2 NOUILLES AU BOUILLON
P. 27

Avec le bouillon de la carcasse

3 PASTILLA POULET
P. 28

Avec les restes de viande

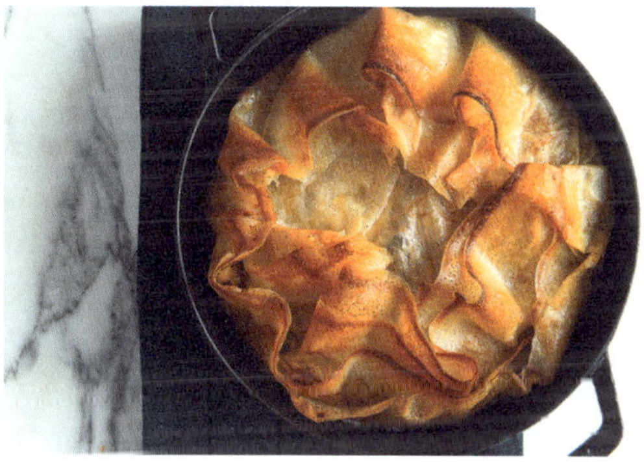

4 POULET FROID SAUCE GREEN GODDESS
P. 29

Avec les restes de cuisses et de blanc

LA LISTE DES COURSES

POUR LE POULET RÔTI

FRUITS, LÉGUMES ET HERBES

- 1,5 kg de pommes de terre à purée
- légumes verts de saison : 1,2 kg de brocoli, 2 kg d'épinards frais ou 1 salade verte
- 1 citron
- 1 tête d'ail
- thym, romarin, origan, sauge…

BOUCHERIE

- 1 poulet fermier

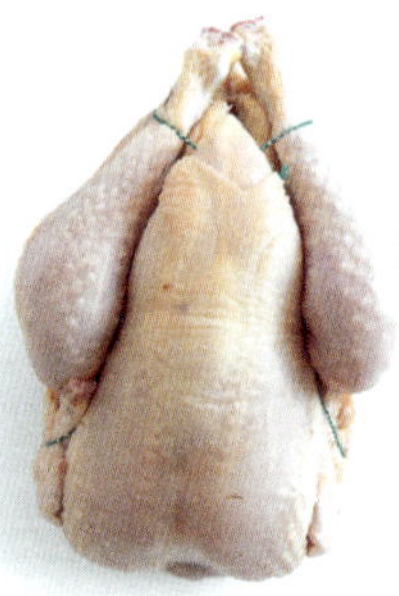

FRAIS

- 40 g de beurre environ (ou à volonté)
- lait

ÉPICERIE

- huile d'olive
- gros sel
- sel et poivre du moulin

LA LISTE DES COURSES

POUR LES DÉCLINAISONS

1

LE BOUILLON

- 10 cm de gingembre
- 10 gousses d'ail
- 1 carotte
- poivre en grains
- 1 étoile de badiane
- gros sel

NOUILLES AU BOUILLON

- 200 g de nouilles de riz
- 1 citron vert
- quelques radis
- 1 carotte
- ¼ de brocoli
- 2 oignons
- 1 poignée de cacahuètes
- 1 poignée de feuilles de menthe et de coriandre
- quelques brins de ciboulette
- sauce soja
- huile de sésame
- sucre

2

3

PASTILLA POULET

- 4 œufs
- 1 paquet de feuilles de brick ou de filo
- 3 oignons
- ras el-hanout
- 15 cl de bouillon cube ou du poulet
- 1 poignée de feuilles de coriandre
- beurre

POULET FROID SAUCE GREEN GODDESS

- 1 jaune d'œuf
- 1 citron
- 2-3 filets d'anchois à l'huile
- 3 c. à soupe de crème fraîche
- 3 brins de basilic
- 3 brins de persil plat
- 3 brins de cerfeuil
- 3 brins de ciboulette
- moutarde
- vinaigre
- huile de pépins de raisin
- sel

4

Poulet rôti

POUR 3 PERSONNES
PRÉPARATION : 20 MINUTES
MARINADE : 12 HEURES
CUISSON : 12 HEURES

1 poulet fermier
1 tête d'ail (ou plus si on aime)
1 citron
thym, romarin, origan, sauge...
huile d'olive
gros sel
poivre du moulin

Accompagnement

1,5 kg de pommes de terre à purée
légumes verts de saison : 1,2 kg de brocoli, 2 kg d'épinards frais ou 1 salade verte
40 g de beurre environ (ou à volonté)
lait
huile d'olive
sel et poivre

La veille, saler le poulet au gros sel, intérieur et extérieur. Le remettre dans son papier d'emballage, dans le réfrigérateur.

Le jour de la cuisson, le sortir du réfrigérateur au moins 1 heure à l'avance. Préchauffer le four à 180 °C. Placer le poulet dans un plat à four juste à sa taille (pas trop grand). Le badigeonner d'huile d'olive, mettre quelques gousses d'ail en chemise (sans les éplucher) à l'intérieur et autour, les enduire aussi d'huile. Poivrer, arroser d'un peu de jus de citron, et fourrer le poulet d'herbes et de ½ citron. Le poser « à l'envers » (sur le ventre). Cuire 45 minutes. Retourner le poulet, cuire encore 30 minutes, puis baisser le feu à 130 °C et poursuivre la cuisson 45 minutes, jusqu'à ce que le poulet soit bien fondant (tirer doucement sur une cuisse, elle doit se détacher facilement). Tout au long de la cuisson, l'arroser avec son jus.

Pendant la cuisson, préparer les légumes : cuire les pommes de terre non pelées, à l'eau environ 30 minutes. Les peler et les écraser avec du beurre, un peu de lait chaud, du sel et du poivre. Cuire les brocolis vapeur, les arroser d'un peu d'huile d'olive mélangée à un peu d'ail haché. Ou cuire les épinards rincés et triés dans une poêle 5 minutes à feu moyen avec du beurre. Assaisonner la salade avec une vinaigrette.

Découper le poulet et le servir avec les légumes et son jus. Garder la carcasse pour le bouillon. On peut réserver plusieurs carcasses au congélateur avant de faire le bouillon.

Mémo pour les déclinaisons

BOUILLON
P. 26
Écraser la carcasse. Elle se garde jusqu'à 2-3 jours au frais ou 1 à 2 mois au congélateur.

NOUILLES
P. 27
Utiliser le bouillon préparé avec la carcasse ; il se garde jusqu'à 3-4 jours au frais après sa préparation.

PASTILLA
P. 28
Dépiauter la carcasse, désosser et couper tous les restes de viande en lamelles. Se garde jusqu'à 2-3 jours au frais.

POULET GREEN GODDESS
P. 29
Garder de beaux morceaux de blanc et de cuisse, jusqu'à 2-3 jours au frais.

déclinaison n° 1

LE BOUILLON

Prêt en 3 heures

Mettre la ou les carcasse(s) écrasée(s) dans un faitout. Couvrir d'eau, ajouter 10 cm de gingembre écrasé, 10 gousses d'ail, 1 carotte pelée, 20 grains de poivre, 1 étoile de badiane, du gros sel. Porter à frémissement et laisser mijoter doucement environ 3 heures. Filtrer, laisser refroidir, ranger au réfrigérateur ou congeler. Une couche de graisse se forme à la surface, facile à retirer.

NOUILLES AU BOUILLON

Prêt en 15 minutes

Réchauffer le bouillon préparé avec la carcasse de poulet. Préparer une sauce : mélanger 3 c. à soupe de sauce soja, 1 trait de jus de citron vert, 1 c. à soupe d'huile de sésame et 1 pincée de sucre. Servir le bouillon avec 200 g de nouilles cuites à part (selon les indications sur le paquet) et la sauce. Ajouter de très fines lamelles de radis, carotte et brocoli vapeur, un reste de poulet, des feuilles de menthe, coriandre et ciboulette, des oignons grillés et des cacahuètes grillées écrasées.

PASTILLA POULET

Prêt en 1 heure

Faire suer 3 oignons au beurre pendant 10 minutes, ajouter 2 c. à café de ras el-hanout, 15 cl du bouillon de poulet. Brouiller 4 œufs à feu doux, remuer. Ajouter la coriandre et 200-300 g de lamelles de poulet. Tapisser un moule de feuilles de brick ou de filo beurrées, mettre la moitié du mélange, des feuilles beurrées, le reste du mélange, des feuilles de bricks et replier les côtés, cuire 35 minutes au four préchauffé à 180 °C.

POULET FROID SAUCE GREEN GODDESS

Prêt en 15 minutes

Fouetter 1 jaune d'œuf, 1 c. à café de moutarde, 1 trait de jus de citron, 1 pincée de sel, puis, en mince filet, 20 cl d'huile de pépins de raisin. Ajouter 3 brins de basilic, de persil plat, de cerfeuil et de ciboulette hachés finement, 2-3 filets d'anchois à l'huile écrasés, 1 c. à café de vinaigre et 3 c. à soupe de crème fraîche. Servir avec le poulet froid.

COLOMBO DE POULET

P. 34

AVEC LES RESTES DU COLOMBO DE POULET, JE CUISINE AU CHOIX :

1 RIZ SAUTÉ P. 36

Avec le reste de riz

2 FAJITAS P. 37

Avec les restes de viande

3 SAMOUSSAS AU POULET P. 38

Avec les restes de condiment, de viande et de légumes

4 SALADE CRAQUANTE P. 39

Avec les restes de viande

LA LISTE DES COURSES

POUR LE COLOMBO DE POULET

FRUITS, LÉGUMES ET HERBES

- 4 courgettes
- 2 pommes de terre à chair farineuse
- 3 citrons verts
- 5 oignons nouveaux
- 2 échalotes
- ¼ de botte de persil plat
- ½ botte de ciboulette
- ¼ de botte de coriandre
- 2 feuilles de laurier

BOUCHERIE

- 8 cuisses de poulet coupées en deux à l'articulation

ÉPICERIE

- 500 g de riz long blanc
- 1 cube de bouillon de légumes
- 1 citron confit
- graines de cumin
- piment antillais en pot (pâte ou huile)
- poudre de colombo
- huile de pépins de raisin
- sel et poivre

LA LISTE DES COURSES

POUR LES DÉCLINAISONS

1

RIZ SAUTÉ

- 2 œufs
- 2 carottes
- 1 courgette
- 150 g de petits pois surgelés
- 2 cm de gingembre
- 1 gousse d'ail
- quelques branches de coriandre
- sauce soja
- sucre
- huile

FAJITAS

- tortillas de blé
- ½ chou pointu
- 2 avocats
- ½ citron vert
- 1 poignée de feuilles de coriandre
- 1 c. à café de crème fraîche
- huile d'olive
- sel et poivre

2

3

SAMOUSSAS AU POULET

- 10 feuilles de brick
- 3 c. à soupe de coulis de tomate
- huile d'olive

SALADE CRAQUANTE

- 200 g de pois chiches
- 1 salade romaine
- 200 g de tomates cerise
- 10 radis
- 1 petit concombre
- 1 citron
- 1 gousse d'ail
- moutarde à l'ancienne
- sucre
- huile d'olive
- sel et poivre

4

Colombo de poulet

POUR 4 PERSONNES
PRÉPARATION : 20 MINUTES
MARINADE : 12 HEURES
CUISSON : 40 MINUTES

8 cuisses de poulet coupées en deux à l'articulation
500 g de riz long blanc
3 citrons verts
5 oignons nouveaux
2 échalotes
¼ de botte de persil plat
½ botte de ciboulette
2 feuilles de laurier
2 c. à café de graines de cumin
½ c. à café de piment antillais en pot (pâte ou huile)
4 courgettes
2 pommes de terre à chair farineuse
3 c. à soupe de poudre de colombo
1 cube de bouillon de légumes
¼ de botte de coriandre
¼ de citron confit
3 c. à soupe + 1 c. à café d'huile de pépins de raisin
sel et poivre

La veille, mettre le poulet à mariner avec le jus de 2 citrons verts, 1 cuillerée à soupe d'huile, du sel et du poivre. Bien mélanger avec les mains.

Peler et mixer 4 oignons avec les échalotes, les feuilles de persil (en garder un peu pour parsemer sur le plat), la moitié de la ciboulette. Laver les courgettes et les couper en dés. Éplucher les pommes de terre, les laver et les couper en dés.

Faire dorer les morceaux de poulet dans une grande cocotte avec 2 cuillerées à soupe d'huile (procéder en deux fournées). Remettre tous les morceaux dans la cocotte et ajouter le mélange aux oignons, bien remuer, puis intégrer le laurier, le cumin, le piment, les courgettes, les pommes de terre et le colombo. Mouiller à hauteur avec de l'eau, ajouter le cube de bouillon, porter à frémissement et cuire à petit feu, à couvert, pendant 30 minutes.

Faire cuire le riz. Hacher ou mixer l'oignon et la ciboulette restants avec la coriandre et le citron confit, ajouter 1 cuillerée à café d'huile et un peu de jus de citron vert (et du piment selon le goût).

Servir le poulet parsemé de persil, avec le riz et le condiment au citron.

Mémo pour les déclinaisons

RIZ SAUTÉ
P. 36
Utiliser le reste du riz refroidi. On peut aussi ajouter un reste de poulet.

FAJITAS
P. 37
Désosser et hacher le reste de poulet. Se garde jusqu'à 2-3 jours au réfrigérateur.

SAMOUSSAS
P. 38
Garder du condiment au citron. Garder du poulet désossé et haché et des légumes, jusqu'à 2-3 jours au réfrigérateur.

SALADE
P. 39
Désosser et couper le poulet en lamelles. Se garde jusqu'à 2-3 jours au réfrigérateur.

RIZ SAUTÉ

Prêt en 15 minutes

Dans une poêle, chauffer 3 c. à soupe d'huile à feu vif. Ajouter 2 œufs, remuer 1 minute, puis 2 carottes et 1 courgette en dés et 150 g de petits pois surgelés. Remuer 2 minutes. Intégrer le reste du riz, remuer, il doit dorer. Ajouter 3 c. à soupe de sauce soja, 2 c. à soupe d'eau, 2 cm de gingembre et 1 gousse d'ail hachés, 1 pincée de sucre, remuer. Parsemer de coriandre et servir.

FAJITAS

Prêt en 15 minutes

Émincer ½ chou pointu, assaisonner avec le jus et le zeste de ½ citron vert, du sel et du poivre, 2 c. à café d'huile d'olive, 1 poignée de feuilles de coriandre. Couper 2 avocats en tranches, les saler et les citronner. Désosser, couper et réchauffer le poulet, le répartir sur des tortillas de blé avec du chou et des tranches d'avocat. Ajouter dans chaque tortilla 1 c. à café de crème fraîche.

déclinaison n° 3

SAMOUSSAS AU POULET

Prêt en 1 heure

Hacher 200 g de poulet avec les légumes restants. Couper 10 feuilles de brick en deux, les badigeonner d'huile. Plier chaque ½ feuille dans la longueur, poser 2 c. à café de farce à une extrémité, puis plier en triangle. Cuire 30 minutes au four préchauffé à 180 °C. Mixer le reste du condiment au citron avec 3 c. à soupe de coulis de tomate, servir avec cette sauce.

SALADE CRAQUANTE

Prêt en 20 minutes

Dorer 200 g de pois chiches dans 2 c. à soupe d'huile. Réunir : 1 salade romaine en lanières, 200 g de tomates cerise coupées en deux, 10 radis en fines tranches, 1 petit concombre en dés et le poulet en lamelles. Préparer la sauce : mélanger 2 c. à café de jus de citron, de l'ail haché, 1 c. à café de moutarde à l'ancienne, du sel, du poivre, 1 pincée de sucre, 2 c. à soupe d'huile d'olive. Parsemer des pois chiches.

PINTADE FARCIE

P.44

AVEC LES RESTES DE LA PINTADE FARCIE, JE CUISINE AU CHOIX :

1 CROQUETTES DE FARCE

P. 46

Avec un reste de farce crue

2 CLUB SANDWICH MAYO AU JUS

P. 47

Avec les restes de jus, de blanc et 1 cuisse

3 SOUPE PINTADE-CÉLERI

P. 48

Avec les restes de blanc

4 SALADE PINTADE-CÉLERI

P. 49

Avec les restes de viande

LA LISTE DES COURSES

POUR LA PINTADE FARCIE

FRUITS, LÉGUMES ET HERBES

- 1 kg de légumes-racines (panais, céleri-rave)
- 4 pommes acides et fondantes (type reinette grise)
- 2 pommes un peu acides (type granny)
- 500 g de champignons de Paris
- 1 oignon rouge
- 8 échalotes
- 3 tiges de céleri
- 10 feuilles de sauge
- 2 branches de romarin
- 10 brins de persil plat

FRAIS

- 1 œuf
- 2 c. à soupe de crème fraîche
- 100 g de beurre mou

BOUCHERIE

- 1 pintade

ÉPICERIE

- 7-8 tranches de pain au levain de la veille
- 20 cl de bouillon de légumes
- sel, gros sel et poivre

POUR LES DÉCLINAISONS

1

CROQUETTES DE FARCE

- 1 salade verte
- 1 pot de pickles
- 1 œuf
- huile d'olive

CLUB SANDWICH MAYO AU JUS

- 8 tranches de pain de mie
- 1 pot de pickles
- 1 poignée de jeunes pousses
- 1 jaune d'œuf
- ½ botte de ciboulette
- 1 citron
- 1 c. à soupe de miso blanc
- huile végétale
- moutarde
- mayonnaise
- sel et poivre

3

SOUPE PINTADE-CÉLERI

- 1 litre de bouillon de volaille ou 2 cubes
- 3 branches de céleri
- 2 poivrons rouges
- 2 carottes
- 2 gousses d'ail
- 2 petites courgettes
- 4 tomates concassées en boîte
- 2 citrons verts
- 1 poignée de feuilles de coriandre

SALADE PINTADE-CÉLERI

- 3 tiges tendres de céleri
- 3 abricots secs hunza
- 1 c. à soupe de cranberries séchées
- 3 oignons nouveaux
- 1 cœur de romaine
- 10 cl de mayonnaise
- 10 cl de yaourt grec
- 1 c. à soupe de chutney de mangue
- curry
- ½ citron

4

Pintade farcie

POUR 3 PERSONNES
PRÉPARATION : 30 MINUTES
MARINADE : 12 HEURES
CUISSON : 1 H 50

1 pintade
7-8 tranches de pain au levain de la veille
1 oignon rouge
8 échalotes
3 tiges de céleri
2 pommes un peu acides (type granny)
10 feuilles de sauge
2 branches de romarin
10 brins de persil plat
1 œuf
20 cl de bouillon de légumes
1 kg de légumes-racines
(panais, céleri-rave)
4 pommes acides et fondantes
(type reinette grise)
500 g de champignons de Paris
2 c. à soupe de crème fraîche
100 g de beurre mou
gros sel et poivre

La veille, saler la pintade au gros sel, intérieur et extérieur. La remettre dans son papier d'emballage, dans le réfrigérateur. Le jour de la cuisson, la sortir 1 heure à l'avance.

Préchauffer le four à 200 °C. Faire griller le pain en cubes étalés sur une plaque de four pendant 10 à 15 minutes, en remuant de temps en temps. Dans une poêle, à feu moyen, faire fondre 60 g de beurre et faire revenir l'oignon et 3 échalotes hachés, puis le foie haché si on l'a, le céleri haché, les pommes granny en dés, la sauge émiettée, 1 branche de romarin hachée. Mélanger cette préparation avec le pain, le persil haché, ajouter l'œuf et le bouillon.

Préchauffer le four à 180 °C. Farcir la volaille (garder le reste pour un autre repas ou le mettre dans le plat). Attacher les pilons avec une ficelle. Placer la pintade dans un plat à four « à l'envers » (sur le ventre). Masser avec du beurre. Poivrer, entourer de légumes-racines coupés en cubes, d'échalotes, de pommes fondantes en quartiers et de romarin. Enfourner pour 30 minutes, retourner la pintade, cuire encore 30 minutes, puis baisser le four à 130 °C et cuire encore 30 à 45 minutes, jusqu'à ce que la volaille soit bien fondante (tirer doucement sur une cuisse, elle doit se détacher facilement). L'arroser avec son jus tout au long de la cuisson.

Pendant la cuisson, émincer les champignons, les cuire au beurre dans une poêle à feu vif. À la fin de la cuisson, ajouter la crème fraîche et mélanger.

Servir la pintade avec les champignons.

Mémo pour les déclinaisons

CROQUETTES
P. 46
Garder de la farce crue, jusqu'à 2-3 jours au réfrigérateur.

CLUB AU JUS
P. 47
Garder le jus de la pintade, de beaux morceaux de blanc et 1 cuisse désossée, jusqu'à 2-3 jours au réfrigérateur.

SOUPE
P. 48
Préparer un bouillon comme pour le poulet rôti (p. 26). Garder le blanc, jusqu'à 2-3 jours au réfrigérateur.

SALADE
P. 49
Garder le reste de la pintade désossée, en lamelles, jusqu'à 2-3 jours au réfrigérateur.

déclinaison n° 1

CROQUETTES DE FARCE

Prêt en 30 minutes

Dans une sauteuse ou une cocotte, faire frire dans un peu d'huile d'olive de petites boulettes de farce crue mélangée avec 1 œuf, 5 à 6 minutes de chaque côté. Servir avec une bonne salade verte, des pickles et éventuellement une sauce yaourt-citron.

CLUB SANDWICH MAYO AU JUS

Prêt en 20 minutes

Retirer la couche de gras sur le dessus du jus de volaille refroidi et figé. Monter une mayonnaise : fouetter 1 c. à café de moutarde, 1 jaune d'œuf, quelques gouttes de citron, 1 pincée de sel, du poivre ; ajouter progressivement, tout en fouettant, 12 cl d'huile végétale. Ajouter 1 c. à soupe de miso blanc (facultatif), le jus figé (20 cl environ) et ½ botte de ciboulette hachée. Monter les clubs avec du pain de mie, le reste de volaille, des pickles, de jeunes pousses et la mayonnaise.

SOUPE PINTADE-CÉLERI

Prêt en 25 minutes

Réchauffer 1 litre de bouillon (maison ou reconstitué avec 2 cubes de bouillon de volaille), ajouter 2 gousses d'ail hachées, 3 branches de céleri, 2 poivrons rouges et 2 carottes en petits dés, cuire 15 minutes. Intégrer 2 petites courgettes en dés, cuire 5 minutes. Ajouter du blanc de pintade en lamelles, le jus de 2 citrons verts et 4 tomates concassées, laisser mijoter 2 minutes et ajouter 1 poignée de coriandre hachée.

SALADE PINTADE-CÉLERI

Prêt en 20 minutes

Préparer la sauce : mélanger 10 cl de mayonnaise, 10 cl de yaourt grec, 1-2 c. à café de curry, un peu de jus de citron et 1 c. à soupe de chutney de mangue si on aime. Mélanger 3 tiges tendres de céleri haché, des lamelles de volaille, 3 abricots secs hunza hachés, 1 c. à soupe de cranberries séchées, 3 oignons nouveaux hachés et 1 cœur de romaine. Assaisonner avec la sauce.

PULLED PORK

P. 54

AVEC LES RESTES DU PULLED PORK, JE CUISINE AU CHOIX :

1 TACOS P. 56

Avec les restes de viande

2 NOUILLES AU PORC & LÉGUMES P. 57

Avec les restes de viande

3 POÊLÉE DE PORC AUX LÉGUMES P. 58

Avec les restes de viande

4 BAO P. 59

Avec les restes de viande et de coleslaw

POUR LE PULLED PORK

FRUITS, LÉGUMES ET HERBES

- ½ chou pointu (ou ¼ de chou vert)
- ¼ de chou rouge
- 1 carotte
- 3 petits concombres
- 1 citron
- 2-3 brins d'aneth
- 2 têtes de salade sucrine (ou autre salade craquante)
- 2-3 oignons nouveaux

FRAIS

- 2 c. à soupe de fromage blanc

BOUCHERIE

- 1 palette de porc avec os d'environ 2 kg

ÉPICERIE

- 4 petits pains à hamburgers
- 15 cl de mayonnaise
- 2 c. à café de miso blond (facultatif)
- gros sel
- sucre roux
- paprika
- graines de sésame
- vinaigre de vin blanc
- sel
- piment d'Espelette (ou autre piment)

POUR LES DÉCLINAISONS

1

TACOS

- 150 g de haricots rouges
- 3 tomates
- 2 avocats
- 1 citron
- 1 botte de coriandre
- 2 échalotes
- ½ gousse d'ail
- 4 c. à soupe de yaourt grec
- quelques feuilles de salade
- huile d'olive
- sel et piment

NOUILLES AU PORC & LÉGUMES

- 300 g de nouilles de riz
- 200 g de pois gourmands
- 12 radis
- 4 c. à soupe de beurre de cacahuètes
- 2-3 citrons
- 1 petite gousse d'ail
- 1 cm de gingembre
- sauce soja
- miel
- sésame grillé
- huile d'olive

2

3

POÊLÉE DE PORC AUX LÉGUMES

- 200 g de riz basmati
- 3 carottes
- 1 navet
- 1 brocoli
- 200 g de petits pois surgelés
- huile
- sauce soja

BAO

- 500 g de farine
- 10 g de sucre
- 1 sachet de levure de boulanger

ou

- 1 pâte à pain surgelée ou du boulanger

4

Pulled pork

POUR 4 PERSONNES
PRÉPARATION : 20 MINUTES
MARINADE : 12 HEURES
CUISSON : 5 HEURES

1 palette de porc avec os d'environ 2 kg
100 g de gros sel, 100 g de sucre roux
2 têtes de sucrine
2-3 oignons nouveaux
4 petits pains à hamburgers

Pour le coleslaw

½ chou pointu, ¼ de chou rouge
1 carotte
15 cl de mayonnaise
2 c. à café de miso blond (facultatif)
paprika
2 c. à soupe de fromage blanc
2 c. à soupe de graines de sésame toastées

Pour le concombre en saumure

3 petits concombres
4 c. à soupe de vinaigre de vin blanc
sucre en poudre
sel, piment d'Espelette (ou autre piment)
2 c. à soupe de jus de citron
2-3 brins d'aneth

Mélanger le gros sel et le sucre roux. En frotter la palette (jeter ce qui reste), la placer dans une cocotte adaptée à sa taille (pas trop grande). Couvrir d'un film alimentaire et laisser au frais toute la nuit.

Le jour de la cuisson, sortir la viande 2 heures à l'avance. Préchauffer le four à 150 °C. Jeter le jus qui s'est formé au fond de la cocotte, enfourner pour 5 heures : la viande doit être fondante et s'effilocher à la fourchette. Arroser de temps en temps avec son jus.

Préparer le coleslaw : émincer finement les choux et râper la carotte. Mélanger la mayonnaise, le paprika, le miso et le fromage blanc, ajouter au chou et mélanger. Parsemer de graines de sésame toastées.

Préparer le concombre en saumure : mélanger le vinaigre, 1 cuillerée à café de sucre, 2 cuillerées à café de sel, du piment. Peler les concombres (partiellement et seulement si leur peau est épaisse), les couper en lamelles de 3-4 mm dans la longueur et les arroser du mélange. Laisser reposer 2 heures, puis ajouter le jus de citron et l'aneth haché. Couper la salade en lamelles, émincer les oignons.

Servir la viande avec les petits pains toastés, le coleslaw, le concombre, la salade et les oignons : chacun se sert en effilochant directement la pièce de porc et en composant son sandwich.

Mémo pour les déclinaisons

TACOS
P. 56
Garder du porc en lamelles jusqu'à 3-4 jours au réfrigérateur, ou le congeler pour une prochaine fois.

NOUILLES
P. 57
Garder du porc désossé en lamelles, jusqu'à 3-4 jours au réfrigérateur.

POÊLÉE
P. 58
Prévoir les légumes de son choix pour accompagner le porc restant. Il se garde jusqu'à 3-4 jours au réfrigérateur.

BAO
P. 59
Le porc en lamelles se garde jusqu'à 3-4 jours au réfrigérateur.
Le coleslaw se garde 1 jour maximum au réfrigérateur.

STAUB

déclinaison n° 1

TACOS

Prêt en 15 minutes

Écraser 2 avocats avec 1 trait de jus de citron, 1 poignée de coriandre, 1 échalote hachée, du piment, du sel. Monder 3 tomates et les hacher finement avec de la coriandre, 1 échalote, du piment et du sel. Mixer 150 g de haricots rouges avec de l'huile d'olive, un trait de jus de citron, ½ gousse d'ail et 4 c. à soupe de yaourt grec. Servir la viande restante dans des tacos avec ces 3 sauces et de la salade.

NOUILLES AU PORC & LÉGUMES

Prêt en 20 minutes

Cuire 300 g de nouilles (selon les instructions sur le paquet). Cuire 200 g de pois gourmands dans une grande casserole d'eau bouillante salée pendant 2 minutes. Fouetter 3 c. à soupe d'huile d'olive, 4 c. à soupe de beurre de cacahuètes, 4 c. à soupe de jus de citron, 2 c. à soupe de sauce soja, 1 petite gousse d'ail et 1 cm de gingembre râpés, 1 c. à café de miel. Mélanger aux nouilles et pois, avec 12 radis émincés, des lamelles de porc et 2 c. à soupe de sésame grillé.

POÊLÉE DE PORC AUX LÉGUMES

Prêt en 20 minutes

Cuire à la vapeur 3 carottes et 1 navet en tranches (10 minutes), 1 tête de brocoli en fleurettes et 200 g de petits pois surgelés (5 minutes). Poêler tous les légumes pendant 3 à 4 minutes à feu vif dans 2 c. à soupe d'huile, ajouter le reste de porc en lamelles. Servir avec du riz basmati et assaisonner de sauce soja.

BAO

Prêt en 3 heures (ou 30 minutes avec une pâte toute prête)

Prendre une pâte à pain crue (du boulanger ou surgelée) ou préparer une pâte à pain : mélanger 500 g de farine, 10 g de sucre, 1 sachet de levure de boulanger, 25 cl d'eau, pétrir pendant 10 minutes environ et laisser reposer 2 heures. Pétrir encore 5 minutes, former des boules, aplatir en galettes de 10 cm et cuire 10 minutes à la vapeur. Fourrer avec la viande et les sauces restantes.

MIJOTÉ DE BŒUF TOMATE

P. 64

AVEC LES RESTES DU MIJOTÉ DE BŒUF TOMATE, JE CUISINE AU CHOIX :

1 SAUCE POUR LES PÂTES P. 66

Avec les restes de viande et de sauce

2 PIE P. 67

Avec les restes de viande, d'herbes et de légumes

3 POLENTA BŒUF-TOMATE P. 68

Avec les restes de viande et de sauce

4 CHILI P. 69

Avec les restes de viande et de sauce

LA LISTE DES COURSES

POUR LE MIJOTÉ DE BŒUF TOMATE

FRUITS, LÉGUMES ET HERBES

- 1 oignon
- 1 carotte
- 5 gousses d'ail
- 1 bouquet garni (laurier, thym, romarin)
- quelques brins de persil plat

BOUCHERIE

- 1,5 kg de paleron de bœuf coupé en tranches

ÉPICERIE

- 250 g de riz long de Camargue
- 1 verre de vin rouge plutôt tannique
- 2 boîtes de tomates italiennes
- 30 cl de passata
- 1 c. à soupe de concentré de tomate
- 6-7 filets d'anchois (facultatif)
- 100 g d'olives noires dénoyautées
- farine
- sucre
- huile d'olive
- sel et poivre

LA LISTE DES COURSES

POUR LES DÉCLINAISONS

1

SAUCE POUR LES PÂTES

- 500 g de tagliatelles
- 1 poignée de feuilles de coriandre
- 1 poignée de feuilles de persil
- copeaux de parmesan

2

PIE

- 1 pâte brisée
- 4 carottes
- 3 pommes de terre
- 2 navets
- ½ botte de cresson

3

POLENTA BŒUF-TOMATE

- 250 g de polenta
- ½ botte de cresson
- 1 poignée d'amandes
- 1 oignon rouge
- 1 cube de bouillon de légumes
- huile d'olive
- sel

4

CHILI

- 200 g de riz
- 150 g de poitrine fumée
- 200 g de haricots rouges cuits
- 1 c. à soupe de crème fraîche
- ½ citron
- 1 bol de guacamole
- paprika fumé
- graines de coriandre
- graines de cumin
- 1 poignée de feuilles de coriandre
- piment

Mijoté de bœuf tomate

POUR 4 PERSONNES
PRÉPARATION : 20 MINUTES
CUISSON : 3 À 4 HEURES

1,5 kg de paleron de bœuf coupé en tranches
1 oignon
1 carotte
1 c. à soupe de farine
1 verre de vin rouge plutôt tannique
5 gousses d'ail
1 pincée de sucre
2 boîtes de tomates italiennes concassées
30 cl de passata
1 c. à soupe de concentré de tomate
1 bouquet garni (laurier, thym, romarin)
6-7 filets d'anchois (facultatif)
100 g d'olives noires dénoyautées
quelques brins de persil plat
huile d'olive
sel et poivre

Accompagnement
250 g de riz long de Camargue

Dans une cocotte, faire chauffer 2 cuillerées à soupe d'huile. Saisir la viande sur toutes les faces, sur feu assez fort. Il s'agit de la dorer assez rapidement. La viande doit avoir suffisamment de place : procéder en plusieurs fois si nécessaire. Retirer la viande.

Préchauffer le four à 150 °C. Peler et hacher finement l'oignon, peler et couper la carotte en dés et faire revenir le tout dans un peu d'huile, au fond de la cocotte. Les légumes doivent se colorer légèrement et devenir tendres. Baisser le feu, saupoudrer de farine, bien remuer. Ajouter le vin, l'ail haché, le sucre, les tomates concassées, la passata, le concentré de tomate, le bouquet garni, un peu de sel et de poivre, les anchois, les olives noires et la viande. Fermer la cocotte, porter à frémissement, cuire au four 3 à 4 heures : la viande doit s'effilocher.

Servir avec du riz, et parsemer de feuilles de persil.

Dans une cocotte-minute : procéder de la même manière. Une fois tous les ingrédients dans la cocotte, faire chauffer. Dès que la cocotte est sous pression, compter 1 heure à 1 h 30 de cuisson.

Mémo pour les déclinaisons

SAUCE
P. 66
Garder la viande finement hachée avec l'ensemble de sa sauce, jusqu'à 3-4 jours au réfrigérateur.

PIE
P. 67
Garder la viande grossièrement hachée et des restes d'herbes et de légumes, jusqu'à 3-4 jours au réfrigérateur.

POLENTA
P. 68
Garder la viande grossièrement hachée avec sa sauce, jusqu'à 3-4 jours au réfrigérateur.

CHILI
P. 69
On peut garder le reste de mijoté dans la cocotte, jusqu'à 3-4 jours au réfrigérateur.

STAUB
STAUB

SAUCE POUR LES PÂTES

Prêt en 20 minutes

Hacher finement un reste (200 g environ) de viande en sauce. Réchauffer. Ajouter 1 poignée de feuilles de coriandre et autant de feuilles de persil finement hachées. Servir sur des tagliatelles fraîches cuites, avec du parmesan en copeaux.

PIE

Prêt en 1 h 30

Cuire à la vapeur 4 carottes, 3 pommes de terre, 2 navets épluchés et coupés en dés, pendant 20 à 30 minutes. Mélanger avec un reste de mijoté (400 g environ) et les feuilles de ½ botte de cresson. Mettre dans un cocotte, un moule ou un plat allant au four. Couvrir hermétiquement d'un disque de pâte brisée et sceller en pinçant les bords. Cuire 40 minutes au four préchauffé à 180 °C.

déclinaison n° 3

POLENTA BŒUF-TOMATE

Prêt en 20 minutes

Torréfier 1 poignée d'amandes quelques minutes à sec dans une poêle. Mixer ½ botte de cresson avec les amandes grillées, du sel et de l'huile d'olive. Verser 250 g de polenta dans 4 fois son volume d'eau portée à frémissement, avec 1 cube de bouillon de légumes. Cuire en remuant (3 à 10 minutes, voir le paquet). Réchauffer le reste de mijoté et servir sur la polenta avec la sauce au cresson et de fines tranches d'oignon rouge.

CHILI

Prêt en 15 minutes

Faire dorer à la poêle 150 g de poitrine fumée coupée en lardons, les mettre dans le reste de mijoté. Ajouter 200 g de haricots rouges cuits, 1 c. à café de paprika fumé, autant de graines de coriandre et cumin torréfiées et du piment. Servir avec du riz, 1 c. à soupe de crème fraîche légèrement citronnée, des feuilles de coriandre et du guacamole à côté.

CURRY DE LÉGUMES

P. 74

AVEC LES RESTES DU CURRY DE LÉGUMES, JE CUISINE AU CHOIX :

1 SOUPE DE LÉGUMES AU CURRY

P. 76

Avec les restes du curry

2 SAMOUSSAS AU CURRY

P. 77

Avec les restes du curry

3 RIZ SAUTÉ AU POULET

P. 78

Avec les restes du riz

4 ONE CRUST

P. 79

Avec les restes du curry

LA LISTE DES COURSES

POUR LE CURRY DE LÉGUMES

FRUITS, LÉGUMES ET HERBES

- ½ chou-fleur
- 1 patate douce
- 2 oignons
- 2 gousses d'ail
- 5-6 cm de gingembre
- 1 citron
- ½ botte de coriandre
- 5-6 brins de menthe
- 1 piment (facultatif)

SURGELÉ

- 300 g d'épinards en branches surgelés (ou 600 g frais)

FRAIS

- 150 g de yaourt onctueux

ÉPICERIE

- 500 g de riz basmati
- 10 cl de lait de coco
- 200 g de pois chiches cuits
- 1 boîte de 450 g de tomates concassées
- graines de cumin
- graines de coriandre
- graines de fenugrec
- graines de fenouil
- garam masala (ou curry)
- noix de coco râpée
- huile végétale
- sel

LA LISTE DES COURSES

POUR LES DÉCLINAISONS

1

SOUPE

- 4 naans ou papadums

2

SAMOUSSAS

- 10 feuilles de brick
- quelques pickles de citron vert ou 1 citron confit
- beurre

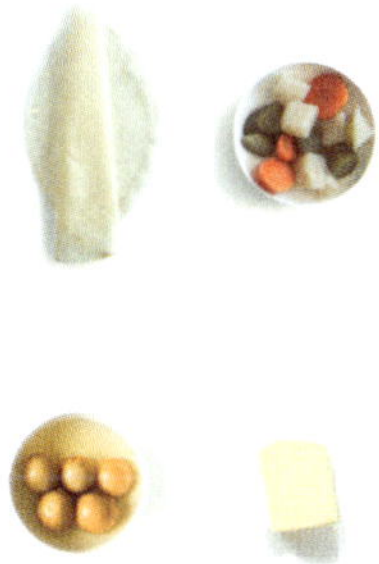

3

RIZ SAUTÉ AU POULET

- 2 blancs de poulet
- 1 œuf
- 200 g de petits pois surgelés
- ½ ananas
- garam masala
- 2 c. à soupe de noix de cajou
- sauce soja ou sauce huître
- quelques branches de coriandre
- huile

4

ONE CRUST

- 1 pâte brisée

Curry de légumes

POUR 4 PERSONNES
PRÉPARATION : 35 MINUTES
CUISSON : 40 MINUTES

2 c. à café de graines de cumin
1 c. à café de graines de coriandre
1 c. à café de graines de fenugrec
½ c. à café de graines de fenouil
2 oignons, 2 gousses d'ail
5-6 cm de gingembre
2 c. à café de garam masala (ou de curry)
½ chou-fleur, en fleurettes
1 patate douce
10 cl de lait de coco
200 g de pois chiches cuits
300 g d'épinards en branches surgelés (ou 600 g frais triés)
1 boîte de 450 g de tomates concassées
150 g de yaourt onctueux
1 c. à café de jus de citron
½ botte de coriandre
5-6 brins de menthe
1 petit bout de piment (facultatif)
2 c. à soupe de noix de coco râpée
500 g de riz basmati
huile végétale
sel

Faire chauffer 3-4 cuillerées à soupe d'huile dans une grande cocotte ou casserole. Y jeter les graines écrasées et les dorer à feu moyen, le temps qu'elles exhalent leur parfum. Ajouter les oignons émincés, cuire 5 à 6 minutes. Ajouter l'ail (en garder ½ gousse) et le gingembre râpés, cuire 1 minute en remuant. Ajouter le garam masala, remuer 1 minute, puis intégrer les fleurettes de chou-fleur et la patate douce épluchée et coupée en dés, remuer 2 minutes.

Verser le lait de coco et environ 10 cl d'eau, ajouter les tomates, saler, ajouter les pois chiches égouttés et cuire 20 minutes à feu doux, le temps que les légumes soient tendres. Mettre les épinards et cuire encore 5 minutes. Faire cuire du riz pour 4 personnes.

Préparer la sauce : mixer les feuilles de coriandre (en garder un peu pour parsemer) et de menthe avec l'ail restant, le piment et le jus de citron, ajouter le yaourt. Faire griller la noix de coco dans une poêle chaude, jusqu'à ce qu'elle colore (attention, ça va très vite), incorporer dans la sauce (en garder un peu pour parsemer).

Servir le curry avec la sauce et le riz, et parsemer de coco râpée et de coriandre.

Mémo pour les déclinaisons

SOUPE
P. 76
Garder les restes jusqu'à 2 jours au réfrigérateur, au-delà, les congeler.

SAMOUSSAS
P. 77
Garder les légumes écrasés, sans trop de sauce, jusqu'à 2 jours au réfrigérateur.

RIZ SAUTÉ
P. 78
Garder le riz restant jusqu'à 3-4 jours au réfrigérateur.

ONE CRUST
P. 79
Garder le curry dans la cocotte jusqu'à 2 jours au réfrigérateur.

STAUB
STAUB

déclinaison n° 1

SOUPE DE LÉGUMES

Prêt en 15 minutes

Mouliner un reste de curry, allonger si besoin avec de l'eau. Servir avec des naans ou des papadums du commerce.

déclinaison n° 2

SAMOUSSAS

Prêt en 1 heure

Écraser environ 500 g de curry restant à l'aide d'un presse-purée. Couper en deux 10 feuilles de brick, les badigeonner de beurre fondu et les fourrer avec les légumes et un peu de pickle de citron vert ou du citron confit haché. Plier en triangle. Servir avec la sauce restante ou en refaire s'il n'y en a plus.

RIZ SAUTÉ AU POULET

Prêt en 10 minutes

Dans une grande poêle, faire chauffer 3 c. à soupe d'huile à feu vif. Ajouter, en remuant 1 à 2 minutes entre chaque ajout, 1 œuf, 200 g de petits pois surgelés, ½ ananas en dés, 1 c. à café de garam masala, 2 blancs de poulet en dés et 2 c. à soupe de noix de cajou concassées. Intégrer le riz, remuer, il doit dorer. Ajouter un trait de sauce soja ou de sauce huître, parsemer de coriandre.

déclinaison n° 4

ONE CRUST

Prêt en 45 minutes

Mettre un reste de curry (500 g environ – si c'est trop liquide, enlever de la sauce) dans une cocotte, un plat ou un moule allant au four. Couvrir hermétiquement d'un disque de pâte brisée (maison ou du commerce) et cuire 25 à 30 minutes au four préchauffé à 180 °C.

TAJINE D'AGNEAU

P. 84

AVEC LES RESTES DU TAJINE D'AGNEAU, JE CUISINE AU CHOIX :

1 WRAP AGNEAU
P.86

Avec les restes de viande et de sauce

2 SALADE DE BOULGHOUR
P. 87

Avec les restes de viande et de sauce

LA LISTE DES COURSES

POUR LE TAJINE D'AGNEAU

FRUITS, LÉGUMES ET HERBES

- 3 oignons
- 3 gousses d'ail
- 3 cm de gingembre
- 25 pruneaux
- 10 brins de persil plat

BOUCHERIE

- 2,5 kg d'épaule d'agneau désossée et coupée en morceaux

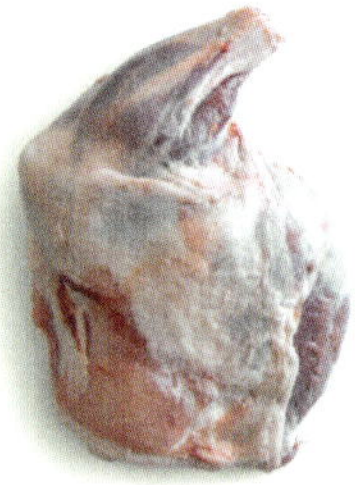

ÉPICERIE

- 450 g de boulghour
- cannelle en poudre
- graines de cumin
- safran en filaments
- 1 cube de bouillon de légumes
- 100 g d'amandes grillées
- huile d'olive
- sel et poivre

POUR LES DÉCLINAISONS

1

WRAP AGNEAU

- 4 tortillas de blé
- 2 cœurs de salade romaine
- 150 g de yaourt onctueux
- 1 citron confit
- 1 c. à soupe de tahini
- ½ citron
- ½ gousse d'ail
- quelques branches de coriandre

SALADE DE BOULGHOUR

- 2 bottes de persil
- 1 botte de menthe
- 200 g de pois chiches cuits
- 1 oignon nouveau
- 1 concombre
- 1 citron
- huile d'olive
- sel et poivre

2

Tajine d'agneau

POUR 4 PERSONNES
PRÉPARATION : 30 MINUTES
MARINADE : 3 HEURES
CUISSON : 1 HEURE 40

2,5 kg d'épaule d'agneau désossée et coupée en morceaux
450 g de boulghour
3 oignons
3 gousses d'ail
3 cm de gingembre
1 c. à café de cannelle en poudre
1 c. à café de graines de cumin
1 cube de bouillon de légumes
1 pincée de safran en filaments
25 pruneaux
100 g d'amandes grillées
10 brins de persil plat
huile d'olive
sel et poivre

Préparer la marinade : mélanger les oignons hachés, l'ail et le gingembre râpés, la cannelle, le cumin, 2 cuillerées à soupe d'huile, du sel et du poivre. Mettre les morceaux de viande dans la marinade, mélanger pour bien les enduire, couvrir et laisser mariner au réfrigérateur au moins 3 heures (ou toute la nuit).

Bien égoutter les morceaux (garder la marinade), les sécher dans du papier absorbant, puis les faire dorer dans une sauteuse avec 2 cuillerées à soupe d'huile, sur feu assez fort, en plusieurs fournées. Dans une casserole, faire cuire la marinade à feu moyen à doux dans 1 cuillerée à soupe d'huile pendant 10 minutes.

Transférer la viande et la marinade dans un plat à tajine ou une cocotte. Mouiller avec 75 cl de bouillon chaud reconstitué avec le cube, ajouter le safran. Cuire à feu très doux, à couvert, pendant 1 h 15, intégrer les pruneaux et cuire encore 15 minutes.

Hacher les amandes grillées et le persil. Faire cuire le boulghour 3 minutes dans 1 fois son volume d'eau bouillante. Servir le tout ensemble, avec le persil et les amandes.

Mémo pour les déclinaisons

WRAP
P. 86
Hacher grossièrement la viande et sa sauce, et garder jusqu'à 2-3 jours au réfrigérateur.

SALADE
P. 87
Hacher la viande en fines lamelles, sans trop de sauce ni trop de gras, et garder jusqu'à 2-3 jours au réfrigérateur.

WRAP AGNEAU

Prêt en 15 minutes

Préparer la sauce : mélanger 150 g de yaourt onctueux, 1 citron confit haché, 1 c. à soupe de tahini, un peu de jus de citron, ½ gousse d'ail hachée. Couper 2 cœurs de salade romaine en lanières. Emballer la viande restante (300 g) dans des tortillas de blé, avec des lanières de salade et la sauce au yaourt. Parsemer de coriandre hachée.

déclinaison n° 2

SALADE DE BOULGHOUR

Prêt en 20 minutes

Mélanger le reste du boulghour (300 g cuit) avec les feuilles hachées de 2 bottes de persil et de 1 botte de menthe, 200 g de pois chiches cuits égouttés, 1 oignon nouveau et 1 concombre hachés finement, 2 c. à café de jus de citron, 2 c. à soupe d'huile d'olive, un reste de viande effilochée (200 g), du sel et du poivre (goûter pour ajuster l'assaisonnement).

AGNEAU CONFIT

P. 92

AVEC LES RESTES DE L'AGNEAU CONFIT, JE CUISINE AU CHOIX :

1

PASTILLA AGNEAU

P. 94

Avec les restes de viande

2

SHAWARMA

P. 95

Avec les restes de viande

3

EFFILOCHÉ SUR FREGOLA AUX ÉPINARDS

P. 96

Avec les restes de viande, de jus et d'ail confit

4

TOURTE VERTE

P. 97

Avec les restes de viande, de jus et de légumes

POUR L'AGNEAU CONFIT

FRUITS, LÉGUMES ET HERBES

- 5 oignons jaunes
- 10 carottes
- 3 têtes d'ail
- 1 botte de cresson (ou autre salade)
- 1 botte de persil
- 2 brins de menthe (facultatif)
- 1,2 kg de pommes de terre à chair farineuse
- 1 citron

FRAIS

- 25 cl de lait
- 100 à 150 g de beurre

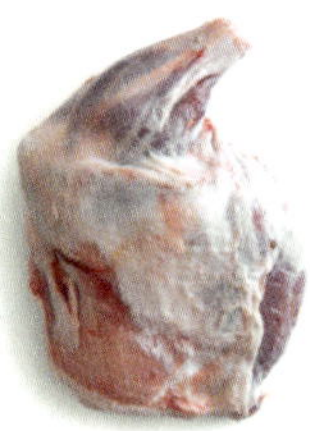

BOUCHERIE

- 1 épaule d'agneau de 3 kg environ

ÉPICERIE

- 5 anchois à l'huile
- 75 g de noisettes ou amandes
- moutarde
- huile d'olive
- sel et poivre

LA LISTE DES COURSES

POUR LES DÉCLINAISONS

1

PASTILLA AGNEAU

- 1 paquet de feuilles de brick ou de filo
- graines de cumin
- graines de coriandre
- cannelle en poudre
- ras el-hanout
- 1 cm de gingembre
- 1 botte de coriandre
- beurre

SHAWARMA AUX LÉGUMES CRAQUANTS

- 4 galettes de pain plat
- quelques feuilles de salade romaine
- quelques pickles
- 1 poignée de radis
- 1 poignée de feuilles de menthe
- 300 g de yaourt grec
- 1 citron
- 2 c. à café de tahini
- ½ gousse d'ail
- huile d'olive
- origan séché

2

3

EFFILOCHÉ SUR FREGOLA AUX ÉPINARDS

- 1 kg d'épinards frais
- 200 g de fregola cuite
- 15 g de beurre
- 1 oignon
- quelques tomates confites
- quelques branches de persil

TOURTE VERTE

- 1 pâte feuilletée
- 200 g de pommes de terre
- 1 botte de blettes
- cresson

4

Agneau confit

POUR 4 PERSONNES
PRÉPARATION : 30 MINUTES
CUISSON : 4 H 30

1 épaule d'agneau de 3 kg environ
5 oignons jaunes
10 carottes
2 têtes d'ail
1 botte de cresson (ou autre salade)
1 botte de persil
2 brins de menthe (facultatif)
5 anchois à l'huile
1,2 kg de pommes de terre à chair farineuse
25 cl de lait
100 à 150 g de beurre
75 g de noisettes ou amandes
3-4 c. à soupe d'huile d'olive
sel et poivre

Pour la vinaigrette

1 c. à café de moutarde
1 pincée de zeste de citron
1 pointe d'ail haché
2 c. à soupe de jus de citron
6 c. à soupe d'huile d'olive
sel et poivre

Préchauffer le four à 190 °C. Éplucher les oignons et les carottes, les placer entiers dans un plat à four à bords hauts. Poser dessus l'agneau, le frotter partout avec 1 tête d'ail. Placer les gousses entières tout autour. Saler, poivrer. Verser 1,5 litre d'eau. Recouvrir le plat d'un papier d'aluminium (sans serrer, en laissant de l'espace au-dessus de la viande). Enfourner pour 30 minutes, puis baisser à 150 °C et cuire encore 4 heures environ en retirant le papier d'aluminium pour les 30 dernières minutes. La viande doit être dorée et fondante.

Pendant la cuisson, laver et trier le cresson. Préparer la vinaigrette en secouant tous les ingrédients dans un bocal ou en mélangeant au fouet.

Hacher les feuilles de persil et de menthe (si on en utilise) avec les anchois et allonger à l'huile d'olive.

Cuire les pommes de terre non pelées (25 à 35 minutes environ selon leur taille) à l'eau salée. Les peler, les passer au moulin ou les écraser au presse-purée en incorporant le lait réchauffé et le beurre en cubes, saler et poivrer. Torréfier rapidement les amandes ou noisettes dans une poêle chaude, à sec.

Servir l'agneau avec la purée, la sauce et la salade à côté, parsemée d'amandes ou de noisettes.

Mémo pour les déclinaisons

PASTILLA
P. 94
Garder la viande désossée et hachée, jusqu'à 3-4 jours au réfrigérateur.

SHAWARMA
P. 95
Garder la viande désossée et déchirée en lamelles, jusqu'à 3-4 jours au réfrigérateur.

FREGOLA
P. 96
Garder la viande avec son jus et l'ail confit, jusqu'à 3-4 jours au réfrigérateur.

TOURTE VERTE
P. 97
Garder des légumes, le jus et la viande coupée en morceaux de la taille de bouchées, jusqu'à 3-4 jours au réfrigérateur.

PASTILLA AGNEAU

Prêt en 50 minutes

Hacher l'agneau (400 g), assaisonner : 1 c. à café de graines de cumin et de coriandre écrasées, 1 pincée de cannelle et de ras el-hanout, 1 botte de coriandre hachée, 1 cm de gingembre râpé. Tapisser un moule de feuilles de brick ou de filo beurrées, mettre la moitié du mélange, des feuilles de brick beurrées, le reste du mélange et finir avec des feuilles de brick. Replier les côtés, cuire 35 minutes au four préchauffé à 180 °C.

SHAWARMA AUX LÉGUMES CRAQUANTS

Prêt en 15 minutes

Préparer la sauce : mélanger 300 g de yaourt grec, 1 trait de jus de citron et d'huile d'olive, 2 c. à café de tahini, de l'origan séché et un peu d'ail haché. Couper 1 salade romaine en lanières. Emballer un reste de viande effilochée (300 g) dans des galettes de pain plat, avec de la salade, des rondelles de radis, des pickles, des feuilles de menthe et de la sauce.

EFFILOCHÉ SUR FREGOLA AUX ÉPINARDS

Prêt en 20 minutes

Cuire 3 minutes à l'eau bouillante salée 1 kg d'épinards frais, égoutter, mixer avec 15 g de beurre. Mélanger avec 200 g de fregola cuite (selon les indications du paquet), répartir dans les assiettes et effilocher dessus l'agneau restant (200-300 g environ) réchauffé, ajouter des tomates confites, du persil et de fines tranches d'oignon.

déclinaison n° 4

TOURTE VERTE

Prêt en 50 minutes

Faire blanchir 1 botte de blettes détaillées en lanières 5 minutes dans une casserole d'eau bouillante salée. Mélanger un reste de légumes et de viande hachée (300 g environ) avec le jus de viande refroidi et figé, des pommes de terre (200 g), du cresson s'il en reste et les blettes. Mettre dans une petite cocotte ou un moule, couvrir de 1 disque de pâte feuilletée et cuire 35 minutes au four préchauffé à 190 °C.

COUSCOUS LÉGUMES

P. 102

AVEC LES RESTES DU COUSCOUS LÉGUMES, JE CUISINE AU CHOIX :

1 WRAP MERGUEZ P. 104

Avec les restes de légumes

2 BOUILLON DE PÂTES P. 105

Avec les restes de bouillon

3 CROQUETTES DE LÉGUMES P. 106

Avec les restes de légumes et de couscous

4 QUICHE P. 107

Avec les restes de légumes

LA LISTE DES COURSES

POUR LE COUSCOUS LÉGUMES

FRUITS, LÉGUMES ET HERBES

- 4 carottes
- 3 navets
- 4 courgettes
- 300 g de courge butternut
- 2 pommes de terre
- 3 oignons
- 1 gousse d'ail
- 1 orange
- ½ botte de persil plat
- ½ botte de coriandre

FRAIS

- 30 g de beurre

ÉPICERIE

- 500 g de couscous moyen
- 3 cubes de bouillon de légumes
- 1 boîte de 450 g de tomates concassées
- 1 bâton de cannelle
- 250 g de pois chiches cuits
- 1 citron confit
- 75 g de raisins secs
- 75 g de pignons de pin
- safran en filaments
- ras el-hanout
- harissa
- huile d'olive

LA LISTE DES COURSES

POUR LES DÉCLINAISONS

1

WRAP MERGUEZ

- 4 tortillas de blé
- 4 merguez
- 2 œufs
- herbes fraîches

BOUILLON DE PÂTES

- 200 g de petites pâtes étoiles
- 100 g de comté

2

3

CROQUETTES DE LÉGUMES

- 1 œuf
- 150 g de yaourt
- 1 citron
- quelques branches de coriandre
- 1 grosse pomme de terre ou 1 patate douce
- huile d'olive

QUICHE

- 1 pâte brisée
- 2 œufs
- 20 cl de lait
- 20 cl de yaourt
- piment d'Espelette

4

Couscous légumes

POUR 4 PERSONNES
PRÉPARATION : 30 MINUTES
CUISSON : 1 HEURE

500 g de couscous moyen
4 carottes
3 navets
4 courgettes
300 g de courge butternut
2 pommes de terre
3 oignons
1 gousse d'ail
2 c. à café de ras el-hanout
3 cubes de bouillon de légumes
1 boîte de 450 g de tomates concassées
1 bâton de cannelle
1 pincée de safran en filaments
1 orange
250 g de pois chiches cuits
75 g de raisins secs
½ botte de persil plat
½ botte de coriandre
1 citron confit
harissa
75 g de pignons de pin
30 g de beurre
huile d'olive

Laver, éplucher et découper les carottes, les navets, la courge butternut et les pommes de terre en morceaux. Laver et couper les courgettes en morceaux. Hacher l'ail, émincer les oignons. Prélever le zeste de l'orange à l'économe.

Faire revenir les oignons 6 à 7 minutes dans 3 cuillerées à soupe d'huile, sur feu moyen, dans une grande casserole, ajouter l'ail, remuer 1 minute, ajouter le ras el-hanout, remuer 1 minute. Incorporer les légumes et cuire 5 minutes en remuant.

Préparer 1 litre de bouillon chaud avec les cubes, verser dans la casserole, ajouter les tomates. Ajouter la cannelle, le safran, le zeste d'orange, les pois chiches égouttés, les raisins secs. Cuire 30 minutes à frémissement.

Couvrir le couscous d'eau froide et le laisser tremper 10 minutes dans un plat creux, puis séparer les grains à la fourchette. Le mettre dans un panier vapeur ou une passoire résistant à la chaleur (on peut la garnir d'une grande compresse de gaze si les trous sont un peu gros) et poser au-dessus des légumes, comme pour reconstituer un couscoussier, parsemer de beurre, couvrir. Cuire 20 minutes à la vapeur du bouillon des légumes avec un couvercle.

Mixer presque tout le persil et la coriandre avec le citron confit et un peu de harissa. Torréfier quelques minutes les pignons de pin dans une poêle à sec. Servir le couscous avec les légumes, le petit condiment au citron, de la harissa, des pignons de pin torréfiés et des herbes ciselées.

Mémo pour les déclinaisons

WRAP
P. 104
Garder les légumes, jusqu'à 2 jours au réfrigérateur, au-delà, les congeler.

BOUILLON DE PÂTES
P. 105
Garder du bouillon, jusqu'à 3-4 jours au réfrigérateur, l'allonger au besoin en ajoutant un cube de bouillon.

CROQUETTES
P. 106
Garder les légumes et le couscous, jusqu'à 2 jours au réfrigérateur.

QUICHE
P. 107
Garder les légumes, jusqu'à 2 jours au réfrigérateur, au-delà, les congeler.

WRAP MERGUEZ

Prêt en 20 minutes

Faire griller 4 merguez dans une poêle. Quand elles sont presque cuites, casser 2 œufs dans la poêle, cuire en cassant les jaunes pendant 3 à 4 minutes, le temps qu'ils soient bien pris. Partager entre 4 tortillas et compléter en répartissant un reste de légumes du couscous (300 g) et des herbes fraîches.

BOUILLON DE PÂTES

Prêt en 10 minutes

Allonger un reste de bouillon du couscous pour obtenir 1 litre environ. Faire cuire 200 g de petites pâtes étoiles dans ce bouillon chaud et servir dans des bols avec des dés de comté.

déclinaison n° 3

CROQUETTES DE LÉGUMES

Prêt en 30 minutes

Dans un saladier, lier un reste de légumes écrasés bien égouttés (400 g) et de couscous (50 g) avec 1 grosse pomme de terre ou 1 patate douce cuite et 1 œuf. Former de petites croquettes. Les faire frire 5 minutes de chaque côté dans 3 c. à soupe d'huile. Servir avec une sauce au yaourt : 150 g de yaourt, 2 c. à café d'huile d'olive, un trait de jus de citron et de la coriandre hachée.

QUICHE

Prêt en 45 minutes

Mettre les légumes restants (200-300 g) dans un moule foncé d'une pâte brisée précuite. Fouetter 20 cl de lait et 20 cl de yaourt avec 2 œufs, saler et poivrer, ajouter un peu de piment d'Espelette et verser sur les légumes. Cuire 30 minutes au four préchauffé à 180 °C.

NAVARIN DE LA MER

P. 112

AVEC LES RESTES DU NAVARIN DE LA MER, JE CUISINE AU CHOIX :

1 FISHCAKES
P. 114

Avec les restes de poisson

2 PARMENTIER DE POISSON
P. 115

Avec les restes de poisson

POUR LE NAVARIN DE LA MER

FRUITS, LÉGUMES ET HERBES

- 1 kg de tomates mûres
- 2 oignons
- 6 gousses d'ail
- 2 feuilles de laurier
- 5-6 brins de persil

POISSONNERIE

- 1 kg de filets de poisson (lieu, par exemple) sans arêtes
- 800 g de moules et/ou coques nettoyées
- quelques crevettes ou gambas

FRAIS

- 2 c. à soupe de crème fraîche

ÉPICERIE

- piment en poudre ou en flocons
- 1 verre de vin blanc
- pain
- safran en filaments
- huile d'olive
- sel et poivre

POUR LES DÉCLINAISONS

1

FISHCAKES

- 500 g de pommes de terre
- 3 anchois
- 12 brins de persil
- 20 g de beurre
- farine
- huile
- sel et poivre

2

PARMENTIER DE POISSON

- 1,5 kg de pommes de terre
- 15 cl de lait
- 50 g de beurre
- chapelure
- quelques brins de thym
- quelques branches de persil

Navarin de la mer

POUR 4 PERSONNES
PRÉPARATION : 20 MINUTES
CUISSON : 45 MINUTES

1 kg de filets de poisson (lieu, par exemple) sans arêtes
800 g de moules et/ou coques nettoyées
quelques crevettes ou gambas
1 kg de tomates mûres
2 oignons
6 gousses d'ail
piment en poudre ou en flocons
1 verre de vin blanc
1 pincée de safran en filaments
2 feuilles de laurier
2 c. à soupe de crème fraîche
5-6 brins de persil
pain
4 c. à soupe d'huile d'olive
sel et poivre

Monder les tomates : les placer dans un saladier, verser dessus de l'eau bouillante, attendre 1 minute ; la peau va s'enlever facilement. Les épépiner et les hacher.

Faire chauffer l'huile d'olive dans une grande cocotte et y faire fondre les oignons hachés, à feu assez doux, pendant 10 minutes. Ajouter 3 gousses d'ail hachées, remuer, ajouter du piment (1 pincée ou plus selon le goût), cuire 2 minutes. Verser le vin blanc, augmenter un peu le feu, cuire 2 minutes, ajouter les tomates, les écraser avec une cuillère en bois et cuire 10 à 15 minutes, le temps qu'elles se défassent, puis mouiller avec 75 cl d'eau, bien remuer, ajouter le safran, le laurier, porter à ébullition, saler et poivrer.

Ajouter le poisson coupé en gros morceaux, baisser le feu pour faire frémir et cuire entre 5 et 10 minutes selon l'épaisseur des morceaux, jusqu'à ce qu'ils soient opaques, presque cuits. Ajouter les crevettes ou gambas et les coquillages, et cuire 5 minutes, jusqu'à ce qu'ils s'ouvrent. Incorporer la crème fraîche, remuer délicatement.

Servir avec du persil haché et du pain grillé frotté à l'ail.

Mémo pour les déclinaisons

FISHCAKES
P. 114
Garder le poisson jusqu'à 2 jours au réfrigérateur, au-delà, le congeler.

PARMENTIER
P. 115
Garder le poisson défait en lamelles, jusqu'à 2 jours au réfrigérateur.

FISHCAKES

Prêt en 30 minutes

Préparer une purée en écrasant 500 g de pommes de terre cuites avec 20 g de beurre. Mélanger avec environ 500 g de poisson restant, 3 anchois, les feuilles de 12 brins de persil hachées. Former des croquettes, d'environ 5 cm de diamètre et 1 cm d'épaisseur, les rouler dans de la farine salée et poivrée et les cuire 5 minutes à la poêle dans de l'huile chaude, en retournant une fois.

PARMENTIER DE POISSON

Prêt en 45 minutes

Préparer une purée en écrasant 1,5 kg de pommes de terre cuites avec 50 g de beurre et 15 cl de lait chaud. Mettre le poisson restant (500 g environ) émietté à la fourchette dans un plat à four avec les coquillages restants décortiqués s'il y en a. Parsemer de thym, recouvrir de purée, puis de chapelure mélangée avec du persil haché. Gratiner 20 minutes au four préchauffé à 180 °C.

RATATOUILLE

P. 120

AVEC LES RESTES DE LA RATATOUILLE, JE CUISINE AU CHOIX :

1 CHAKCHOUKA P. 122

Avec les restes de ratatouille

2 SOUPE DE STYLE SALMOREJO P. 123

Avec les restes de ratatouille

3 FARCIS P. 124

Avec les restes de ratatouille

4 FILETS DE POISSON CUISSON DOUCE P. 125

Avec les restes de ratatouille

POUR LA RATATOUILLE

FRUITS, LÉGUMES ET HERBES

- 2 aubergines
- 4 courgettes
- 6 tomates
- 2 poivrons
- 2 oignons jaunes
- 250 g de tomates cerise
- 4 gousses d'ail
- 1 petit bouquet de thym
- 4-5 brins de basilic

ÉPICERIE

- huile d'olive
- sel et poivre

LA LISTE DES COURSES

POUR LES DÉCLINAISONS

1

CHAKCHOUKA

- 4 œufs
- 1 bocal de feta en cubes
- 2 gousses d'ail
- 1 échalote
- graines de coriandre
- graines de cumin
- quelques branches de persil plat
- huile d'olive

2

SOUPE STYLE SALMOREJO

- 3-4 tranches de pain
- 1 gousse d'ail
- vinaigre de Xérès
- croûtons
- quelques branches d'estragon ou 4 tranches de jambon ibérique

3

FILETS DE POISSON CUISSON DOUCE

- 4 pavés de merlu (ou autre poisson)
- 200 g de riz
- 2 c. à café de câpres
- ½ botte de persil
- ½ botte de cerfeuil
- ½ botte de ciboulette
- 1 citron
- huile d'olive

4

FARCIS

- 8 petits oignons rouges
- origan séché
- parmesan
- huile d'olive

Ratatouille

POUR 4 PERSONNES
PRÉPARATION : 30 MINUTES
CUISSON : 40 MINUTES

2 aubergines
4 courgettes
6 tomates
2 poivrons
2 oignons jaunes
4 gousses d'ail
1 petit bouquet de thym
250 g de tomates cerise
4-5 brins de basilic
huile d'olive
sel et poivre

Laver les aubergines et les peler partiellement, les couper en dés. Laver les courgettes et les couper en dés. Les mettre dans une passoire au-dessus d'un bol avec les aubergines, saler, laisser 30 minutes.

Monder les tomates : les placer dans un saladier, verser dessus de l'eau bouillante, attendre 1 minute ; la peau va s'enlever facilement. Les couper en dés. Laver les poivrons, retirer les graines et les parties blanches à l'intérieur. Couper les poivrons et les oignons en dés, émincer l'ail.

Bien essorer les courgettes et les aubergines. Chauffer 4 cuillerées à soupe d'huile dans une cocotte, et cuire les aubergines et courgettes à feu moyen à fort, juste le temps de les dorer, en procédant en plusieurs fournées et en remettant un peu d'huile si nécessaire. Réserver dans un récipient, puis faire cuire les oignons, poivrons et ail avec 1 pincée de sel sur feu un peu plus doux, en remettant 3 à 4 cuillerées à soupe d'huile, 10 minutes environ, le temps qu'ils s'attendrissent et colorent à peine. Ajouter les tomates et les tomates cerise, mélanger, cuire 5 minutes, puis remettre les aubergines, les courgettes et le thym. Assaisonner. Laisser mijoter 15 à 20 minutes à découvert, le temps de confire le tout (on peut aussi le faire au four 20 minutes à 190 °C). Retirer le thym, parsemer de feuilles de basilic.

Servir en accompagnement d'un plat ou tel quel, avec du bon pain ou du riz.

Mémo pour les déclinaisons

CHAKCHOUKA P. 122
Garder la ratatouille jusqu'à 2-3 jours au réfrigérateur. Si besoin, allonger avec du coulis de tomates.

SOUPE P. 123
Pour cette préparation, on peut congeler la ratatouille qui sera mixée ensuite.

FARCIS P. 124
Garder la ratatouille jusqu'à 2-3 jours au réfrigérateur, au-delà, la congeler mais ce sera moins bon.

POISSON P. 126
Garder la ratatouille jusqu'à 2-3 jours au réfrigérateur. Si besoin, allonger avec une sauce tomate ou du coulis de tomates.

déclinaison n° 1

CHAKCHOUKA

Prêt en 20 minutes

Dans 2 c. à soupe d'huile d'olive, dorer 2 gousses d'ail et 1 échalote en lamelles, 1 c. à café de graines de coriandre et cumin écrasées. Mixer la moitié du reste de ratatouille (400 g environ), réchauffer dans une poêle avec la partie non mixée, faire 4 creux et y casser 4 œufs. Cuire doucement. Parsemer de cubes de feta, des aromates grillés et de persil plat.

SOUPE STYLE SALMOREJO

Prêt en 20 minutes

Faire tremper la mie de 3-4 tranches de pain dans de l'eau pendant 1 à 2 minutes. Mixer la ratatouille restante (400 g environ) avec la mie de pain essorée, 1 gousse d'ail et 1 trait de vinaigre de Xérès. Goûter, assaisonner. Servir avec des croûtons, 1 pointe d'estragon haché ou des lamelles de jambon ibérique.

déclinaison n° 3

FARCIS

Prêt en 1 h 15

Évider 8 petits oignons rouges, les enduire d'huile d'olive. Hacher leur chair et la faire fondre 15 minutes à la poêle dans de l'huile, la mélanger au reste de ratatouille (300 g environ), ajouter de l'origan et farcir les oignons. Parsemer de parmesan et gratiner 45 minutes au four préchauffé à 180 °C.

FILETS DE POISSON CUISSON DOUCE

Prêt en 30 minutes

Disposer le reste de ratatouille (500-600 g) dans un plat à four avec 4 pavés de merlu (ou autre poisson). Couvrir d'un papier sulfurisé et cuire 20 minutes au four préchauffé à 120 °C. Servir avec du riz et une sauce : mélanger 2 c. à café de câpres, ½ botte de persil, autant de cerfeuil et de ciboulette mixés avec 5 c. à soupe d'huile d'olive et 1 trait de citron.

CAPONATA

P. 130

AVEC LES RESTES DE LA CAPONATA, JE CUISINE AU CHOIX :

1 TARTINES AU BREBIS P. 132

Avec les restes de caponata

2 POIVRONS FARCIS P. 133

Avec les restes de caponata

3 LUNCHBOX P. 134

Avec les restes de caponata

4 CAVIAR P. 135

Avec les restes de caponata

POUR LA CAPONATA

FRUITS, LÉGUMES ET HERBES

- 3 aubergines moyennes
- 6 tomates bien mûres
- 6 petites courgettes
- 2 cœurs de céleri-branche
- 2 oignons blancs
- quelques brins de basilic

ÉPICERIE

- 2 c. à soupe de câpres au sel
- 100 g d'olives vertes dénoyautées
- 50 g de raisins secs
- 50 g de pignons de pin
- sucre en poudre
- vinaigre de vin rouge
- sel et poivre
- huile d'olive

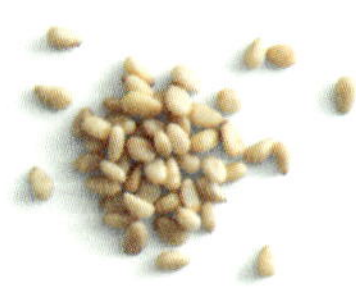

LA LISTE DES COURSES

POUR LES DÉCLINAISONS

1

TARTINES AU BREBIS

- 4 tranches de pain de campagne
- 1 fromage de brebis frais
- 1 poignée de pistaches ou d'amandes

2

POIVRONS FARCIS

- 4 poivrons
- 4 tomates
- 2 gousses d'ail

3

LUNCHBOX

- 50 g de riz
- 2 c. à soupe de pois chiches cuits
- ½ concombre
- quelques tomates cerise
- 1 c. à soupe de yaourt grec
- ½ citron
- ½ gousse d'ail
- origan séché
- huile d'olive
- sel

4

CAVIAR

- 1 paquet de gressins
- crudités à tremper au choix (carotte, concombre, chou-fleur…)
- 1 ou 2 c. à soupe de yaourt grec
- quelques brins d'aneth

Caponata

POUR 4 PERSONNES
PRÉPARATION : 20 MINUTES
CUISSON : 40 MINUTES

3 aubergines moyennes
6 tomates bien mûres
6 petites courgettes
2 cœurs de céleri-branche
2 oignons blancs
2 c. à soupe de câpres au sel
5 cl de vinaigre de vin rouge
2 pincées de sucre
100 g d'olives vertes dénoyautées
50 g de raisins secs
50 g de pignons de pin
quelques brins de basilic
sel
huile d'olive

Peler partiellement les aubergines, les couper en dés. Les placer dans une passoire au-dessus d'un saladier et les saupoudrer de sel, les mettre de côté.

Monder les tomates : les placer dans un saladier, verser dessus de l'eau bouillante, attendre 1 minute ; la peau va s'enlever facilement. Couper les tomates, les courgettes lavées, les cœurs de céleri et les oignons en dés. Mettre les câpres à tremper dans de l'eau.

Dans une poêle, faire fondre à feu doux les oignons dans 2 cuillerées à soupe d'huile, pendant 10 à 15 minutes, jusqu'à ce qu'ils soient translucides. Dans une sauteuse, faire revenir les courgettes et le céleri dans 2 cuillerées à soupe d'huile sur feu moyen à doux, environ 6 à 7 minutes : ils doivent à peine colorer et rester croquants. Ajouter les tomates, cuire 2 minutes. Sécher les aubergines dans du papier absorbant. Dans une autre sauteuse, les faire frire en plusieurs fournées dans un bon fond d'huile d'olive pendant 5 à 10 minutes environ, jusqu'à ce qu'elles soient bien dorées. Égoutter sur du papier absorbant.

Réunir tous les légumes dans la première poêle, ajouter 5 cl de vinaigre, le sucre, du sel, les câpres dessalées et égouttées, les olives, les raisins secs. Goûter, rectifier l'assaisonnement si nécessaire en rajoutant du sucre, du sel, du vinaigre, laisser mijoter 10 minutes. À part, torréfier rapidement les pignons dans une poêle chaude, à sec.

Servir la caponata de préférence froide parsemée de feuilles de basilic et de pignons.

Mémo pour les déclinaisons

TARTINES
P. 132
Meilleures dès le lendemain, quand la caponata est encore fraîche.

POIVRONS
P. 133
Garder le reste de caponata jusqu'à 2-3 jours au réfrigérateur.

LUNCHBOX
P. 134
Garder le reste de caponata jusqu'à 2-3 jours au réfrigérateur. La caponata est très bonne froide.

CAVIAR
P. 135
Pour cette préparation, on peut congeler la caponata et l'utiliser plus tard.

TARTINES AU BREBIS

Prêt en 5 minutes

Faire des tartines de fromage de brebis frais, ajouter 2 c. à soupe de caponata froide sur chacune et parsemer de pistaches ou d'amandes torréfiées quelques minutes dans une poêle chaude, à sec.

POIVRONS FARCIS

Prêt en 1 heure

Couper 4 poivrons en deux, retirer la queue, les graines et les parties blanches. Farcir chaque moitié avec un reste de caponata (300 g environ) mélangé à 4 tomates mondées coupées en dés et 2 gousses d'ail émincées. Rôtir 50 minutes au four préchauffé à 190 °C.

LUNCHBOX

Prêt en 20 minutes

Faire cuire pendant 11 minutes 50 g de riz dans de l'eau bouillante salée. Placer dans une boîte avec 150 g de caponata, 2 c. à soupe de pois chiches cuits, des rondelles de concombre, 5-6 tomates cerise coupées en deux, 1 c. à soupe de yaourt grec assaisonné de jus de citron, ail, huile d'olive et origan.

CAVIAR

Prêt en 5 minutes

Mixer ou piler un reste de caponata (300 g), ajouter 1 ou 2 c. à soupe de yaourt grec, parsemer d'aneth et servir en dip à l'apéro avec des gressins et des crudités coupées.

ROUGAIL SAUCISSE

P. 140

AVEC LES RESTES DU ROUGAIL SAUCISSE, JE CUISINE AU CHOIX :

1 MIJOTÉ AUX LENTILLES

P. 142

Avec les restes de rougail

2 FEUILLETÉS

P. 143

Avec les restes de saucisses

POUR LE ROUGAIL SAUCISSE

FRUITS, LÉGUMES ET HERBES

- 3 oignons
- 4 gousses d'ail
- 1 ou 2 petits piments verts
- 5-6 brins de thym
- 5 cm de gingembre
- 1 mangue mûre
- 2 tomates mûres
- 1 oignon nouveau
- 12 brins de persil plat

BOUCHERIE

- 1 kg de saucisses de Morteau

ÉPICERIE

- 250 g de riz long grain
- 3 boîtes de 450 g de tomates concassées
- paprika
- huile d'olive
- sel et poivre

POUR LES DÉCLINAISONS

1

MIJOTÉ AUX LENTILLES

- 150 g de lentilles vertes
- 1 carotte
- 2 gousses d'ail
- 2 feuilles de laurier
- chapelure
- 10 brins de persil
- huile d'olive

FEUILLETÉS

- 300 g de pâte feuilletée
- 1 salade
- 1 œuf

2

Rougail saucisse

POUR 4 PERSONNES
PRÉPARATION : 30 MINUTES
CUISSON : 1 HEURE

250 g de riz long grain
1 kg de saucisses de Morteau
3 oignons
4 gousses d'ail
1 ou 2 petits piments verts
1 c. à café de paprika
3 boîtes de 450 g de tomates concassées
5-6 brins de thym
5 cm de gingembre
1 mangue mûre
2 tomates mûres
1 oignon nouveau
12 brins de persil plat
huile d'olive
sel et poivre

Mettre les saucisses dans une grande casserole d'eau froide et faire cuite 30 minutes à partir de l'ébullition.

Dans une cocotte, faire chauffer 4 cuillerées à soupe d'huile d'olive et faire revenir les oignons émincés 6 à 7 minutes à feu moyen. Ajouter les saucisses cuites et coupées en tronçons de 3-4 cm d'épaisseur, monter un peu le feu pour les dorer 3 à 4 minutes. Ajouter l'ail haché, le gingembre râpé et le piment émincé, remuer 1 minute, ajouter le paprika, remuer. Incorporer les tomates concassées, le thym effeuillé, saler modérément et poivrer, laisser mijoter 20 minutes.

Faire cuire le riz.

Couper en tout petits dés la mangue, les tomates et l'oignon nouveau dans un bol, saler et ajouter le persil haché et 1 cuillerée à café d'huile d'olive.

Servir le rougail avec le riz et le condiment à la mangue.

Mémo pour les déclinaisons

MIJOTÉ
P. 142
Garder le rougail dans sa cocotte, jusqu'à 2-3 jours au réfrigérateur.

FEUILLETÉS
P. 143
Garder des saucisses sans trop de sauce, coupées en plus petits morceaux, jusqu'à 2-3 jours au réfrigérateur.

MIJOTÉ AUX LENTILLES

Prêt en 40 minutes

Dans une casserole d'eau froide, mettre 150 g de lentilles vertes avec des aromates (ail, carotte, laurier), faire cuire 20 minutes et égoutter. Mélanger avec un reste de saucisses et leur sauce, dans une cocotte allant au four. Parsemer de chapelure mixée avec les feuilles de 10 brins de persil et 1 c. à soupe d'huile d'olive. Gratiner 10 minutes au four préchauffé à 190 °C.

FEUILLETÉS

Prêt en 45 minutes

Découper 4 rectangles de 20 × 15 cm dans 300 g de pâte feuilletée étalée. Fourrer en répartissant environ 600 g de reste de rougail, refermer et bien sceller les bords en collant avec un peu d'eau. Dorer à l'œuf battu et enfourner pour 30 minutes à 190 °C. Servir avec une salade.

SAUCE TOMATE

P. 148

AVEC LES RESTES DE LA SAUCE TOMATE, JE CUISINE AU CHOIX :

1 LASAGNES
P. 150

Avec les restes de sauce

2 PIZZA TOMATE-MOZZA
P. 151

Avec les restes de sauce

LA LISTE DES COURSES

POUR LA SAUCE TOMATE

FRUITS, LÉGUMES ET HERBES

- 2,5 kg de tomates mûres type roma (allongées)
- 2 oignons
- 2 carottes
- 1 cœur de céleri
- 1 botte de basilic

FRAIS

- parmesan

ÉPICERIE

- 500 g de spaghettis
- sucre en poudre (facultatif)
- huile d'olive
- sel

POUR LES DÉCLINAISONS

1

LASAGNES

- 250 g de feuilles de lasagne précuites
- 300 g de mozzarella
- 125 g de mascarpone
- 10 cl de crème liquide
- 100 g de parmesan

2

PIZZA TOMATE-MOZZA

- 1 pâte à pizza (ou 1 pâte à tradition crue du boulanger)
- 300 g de mozzarella
- 100 g de cœurs d'artichauts à l'huile
- 1 douzaine d'olives noires

Sauce tomate

POUR 4 PERSONNES
PRÉPARATION : 15 MINUTES
CUISSON : 45 MINUTES

500 g de spaghettis
2,5 kg de tomates mûres type roma (allongées)
2 oignons
2 carottes
1 cœur de céleri
1 botte de basilic
1 pincée de sucre (facultatif)
parmesan
huile d'olive
sel

Couper les tomates en quartiers, retirer les pépins. Éplucher les oignons, carottes et céleri. Les hacher très finement.

Mettre ce hachis dans une casserole avec 4 cuillerées à soupe d'huile d'olive, faire fondre 8 à 9 minutes à feu moyen à doux en laissant très légèrement colorer. Ajouter les tomates, remuer, intégrer les trois quarts du basilic ciselé. Monter un peu le feu et écraser les tomates avec une cuillère en bois. Saler. Laisser mijoter 20 à 25 minutes. Mouliner la sauce avec le basilic restant. Ajouter 1 pincée de sucre si la sauce semble trop acide.

Faire cuire les spaghettis *al dente* dans un grand volume d'eau bouillante généreusement salée. Égoutter les pâtes et les verser dans la moitié de la sauce chaude (réserver l'autre moitié dans un bocal au réfrigérateur), bien mélanger et servir avec du parmesan râpé.

Mémo pour les déclinaisons

LASAGNES
P. 150
Garder la sauce jusqu'à 3-4 jours au réfrigérateur, 2 mois au congélateur.

PIZZA
P. 151
Garder la sauce jusqu'à 3-4 jours au réfrigérateur. Mixer si on la veut plus lisse.

LASAGNES

Prêt en 45 minutes

Dans un plat, alterner des couches de la sauce tomate réservée et de feuilles de lasagne précuites (250 g), en intercalant 300 g de mozzarella en tranches. Recouvrir d'un mélange de 125 g de mascarpone et 10 cl de crème liquide, saupoudrer de 100 g de parmesan fraîchement râpé et gratiner 30 minutes au four préchauffé à 180 °C.

déclinaison n° 2

PIZZA TOMATE-MOZZA

Prêt en 20 minutes

Étaler 1 pâte à pizza (du commerce ou 1 pâte à traditionnelle du boulanger) et la poser sur une plaque couverte de papier sulfurisé. Recouvrir de sauce tomate. Ajouter 300 g de mozzarella en tranches, 100 g de cœurs d'artichauts à l'huile et 1 douzaine d'olives noires. Faire glisser sur une plaque préchauffée dans le four à 250 °C pour 10 minutes environ.

BOLOGNAISE

P. 156

AVEC LES RESTES DE LA BOLOGNAISE, JE CUISINE AU CHOIX :

1 CHILI BOLO

P. 158

Avec les restes de bolognaise

2 MOUSSAKA

P. 159

Avec les restes de bolognaise

3 EMPANADAS

P. 160

Avec les restes de bolognaise

4 PIZZA BOLO

P. 161

Avec les restes de bolognaise

LA LISTE DES COURSES

POUR LA BOLOGNAISE

FRUITS, LÉGUMES ET HERBES

- 2 oignons
- 2 carottes
- 1 cœur de céleri
- 4-5 brins de thym

FRAIS

- parmesan

BOUCHERIE

- 500 g de viande hachée de bœuf (ou bœuf, veau et porc mélangés)
- 200 g de pancetta ou de poitrine fumée

ÉPICERIE

- 500 g de spaghettis
- 1 verre de vin rouge
- 2 boîtes de 450 g de tomates concassées
- huile d'olive
- sel et poivre

LA LISTE DES COURSES

POUR LES DÉCLINAISONS

1

CHILI BOLO

- 200 g de riz cuit
- 200 g de haricots rouges
- 2 patates douces
- 2 avocats
- 1 citron vert
- crème fraîche
- paprika fumé
- coriandre fraîche ciselée
- origan
- huile d'olive
- sel

MOUSSAKA

- 1 grosse aubergine
- 2 tomates cœur-de-bœuf
- cannelle en poudre
- 30 cl de béchamel

2

3

EMPANADAS

- 300 g de pâte brisée ou de pâte à pain
- 10 brins de persil
- 1 œuf

PIZZA BOLO

- 1 pâte à pizza (ou 1 pâte à tradition crue du boulanger)
- 2 œufs
- piment en poudre

4

Bolognaise

POUR 4 PERSONNES
PRÉPARATION : 20 MINUTES
CUISSON : 1 HEURE

500 g de spaghettis
500 g de viande hachée de bœuf
(ou bœuf, veau et porc mélangés)
2 oignons
2 carottes
1 cœur de céleri
200 g de pancetta ou de poitrine fumée
1 verre de vin rouge
2 boîtes de 450 g de tomates concassées
4-5 brins de thym
parmesan
huile d'olive
sel et poivre

Éplucher les oignons, les carottes et le céleri. Les hacher finement. Dans une sauteuse, faire rissoler ce hachis dans 4 cuillerées à soupe d'huile d'olive à feu moyen, avec la viande hachée et la pancetta ou la poitrine coupée en dés, en remuant souvent, pendant 10 à 15 minutes, jusqu'à ce que cela accroche un peu. Verser le vin, le laisser s'évaporer. Ajouter les tomates, saler, ajouter le thym. Laisser cuire 25 à 30 minutes à feu doux, sans couvercle. Poivrer.

Faire cuire les spaghettis *al dente* dans un grand volume d'eau bouillante généreusement salée. Égoutter les pâtes et les verser dans la moitié de la sauce bolognaise chaude (réserver l'autre moitié dans un bocal fermé au réfrigérateur), bien mélanger et servir parsemé de parmesan râpé.

Mémo pour les déclinaisons

CHILI
P. 158
Garder la sauce jusqu'à 2-3 jours au réfrigérateur. Faire tremper des haricots secs si on veut les cuire soi-même.

MOUSSAKA
P. 159
Garder la sauce jusqu'à 2-3 jours au réfrigérateur ou jusqu'à 2 mois au congélateur.

EMPANADAS
P. 160
La sauce réduit à la conservation (jusqu'à 2-3 jours au réfrigérateur), la réduire sur le feu si elle est encore trop liquide.

PIZZA
P. 161
On peut congeler des portions de sauce pour réaliser plusieurs pizzas plus tard.

déclinaison n° 1

CHILI BOLO

Prêt en 45 minutes

Éplucher 2 patates douces et les couper en dés. Les mettre dans un plat, arroser d'huile, ajouter de l'origan, du sel et du paprika fumé. Rôtir 30 minutes au four préchauffé à 190 °C. Réchauffer la moitié de sauce bolognaise restante avec 1 c. à café de paprika fumé, 200 g de haricots rouges et les dés de patate douce rôtis. Parsemer de coriandre. Servir avec du riz, de la crème fraîche et 2 avocats écrasés avec du sel et du citron vert.

MOUSSAKA

Prêt en 45 minutes

Couper 1 belle aubergine en tranches de 4 mm d'épaisseur environ. Les faire griller à la poêle dans un fond d'huile d'olive, à feu assez vif, jusqu'à ce qu'elles s'attendrissent et qu'elles colorent. Procéder en plusieurs fournées. Couper 2 tomates cœur-de-bœuf en tranches. Dans un plat à four, alterner des couches de sauce bolognaise additionnée de 1 pincée de cannelle, des tranches d'aubergines et de tomates. Finir avec 30 cl de béchamel et faire gratiner 30 minutes au four préchauffé à 180 °C.

EMPANADAS

Prêt en 45 minutes

Découper des disques de 20 cm de diamètre dans 300 g de pâte brisée ou de pâte à pain étalée. Déposer 1 grosse c. à soupe de sauce sur chaque disque, les feuilles hachées de 10 brins de persil et refermer en chausson en ourlant les bords pour bien les sceller. Dorer à l'œuf battu et cuire 25 minutes au four préchauffé à 200 °C.

déclinaison n° 4

PIZZA BOLO

Prêt en 45 minutes

Étaler 1 pâte à pizza (du commerce ou 1 pâte à tradition crue du boulanger) et la poser sur une plaque couverte de papier sulfurisé. Recouvrir de la sauce bolognaise restante, casser 2 œufs dessus et saupoudrer un peu de piment. Faire glisser sur une plaque préchauffée dans le four à 250 °C pour 10 minutes environ.

PIPERADE

P. 166

AVEC LES RESTES DE LA PIPERADE, JE CUISINE AU CHOIX :

1 **MUHAMMARA**
P. 168

Avec les poivrons rôtis

2 **TARTINES CHÈVRE & POIVRON**
P. 169

Avec les poivrons rôtis

POUR LA PIPERADE

FRUITS, LÉGUMES ET HERBES

- 5 poivrons rouges
- 800 g de tomates mûres
- 2 oignons rouges
- 4 gousses d'ail
- 4-5 brins de thym
- 12 brins de persil plat

FRAIS

- 4 œufs

ÉPICERIE

- huile d'olive
- paprika fumé
- piment d'Espelette
- sel et poivre

LA LISTE DES COURSES

POUR LES DÉCLINAISONS

1

MUHAMMARA

- ½ gousse d'ail
- 50 g de cerneaux de noix
- 2 c. à soupe de chapelure
- huile d'olive
- piment
- sel et poivre

TARTINES CHÈVRE & POIVRON

2

- 4 tranches de pain de campagne
- ½ gousse d'ail
- 1 chèvre frais
- ½ botte de persil
- 1 poignée d'amandes
- huile d'olive
- sel et poivre

Piperade

POUR 4 PERSONNES
PRÉPARATION : 30 MINUTES
CUISSON : 1 HEURE

5 poivrons rouges
800 g de tomates mûres
2 oignons rouges
4 gousses d'ail
1 c. à café de paprika fumé
4-5 brins de thym
4 œufs
huile d'olive
12 brins de persil plat
piment d'Espelette
sel et poivre

Monder les tomates : les placer dans un saladier, verser dessus de l'eau bouillante, attendre 1 minute ; la peau va s'enlever facilement. Les couper en quartiers, retirer les graines.

Couper les poivrons en quatre dans la longueur, retirer le pédoncule, les parties blanches à l'intérieur et les graines. Les mettre sur une plaque à four recouverte de papier cuisson, les enduire de 1 cuillerée à soupe d'huile d'olive et les cuire 20 à 30 minutes à 180 °C, jusqu'à ce que la peau noircisse. Laisser refroidir un peu et mettre les poivrons dans un sachet plastique pour les peler ensuite plus facilement. Retirer la peau noire.

Faire suer les oignons émincés dans 4 cuillerées à soupe d'huile, 7 à 8 minutes dans une grande poêle à feu moyen, afin qu'ils colorent à peine. Ajouter l'ail haché, remuer, puis le paprika, remuer, puis les tomates et le thym effeuillé. Écraser les tomates avec une cuillère en bois. Saler, poivrer et intégrer la moitié des poivrons rôtis déchirés en lanières, laisser mijoter 20 minutes. (Garder le reste de poivrons pour une autre préparation.)

Casser les œufs dans la poêle et remuer juste pour casser les jaunes. Cuire 3 à 4 minutes, jusqu'à ce que les œufs soient pris, parsemer de piment d'Espelette et de persil plat ciselé et servir avec du bon pain.

Mémo pour les déclinaisons

MUHAMMARA
P. 168
Laisser refroidir les poivrons rôtis non cuisinés avant de les mixer. Garder jusqu'à 4-5 jours au réfrigérateur

TARTINES
P. 169
Garder des poivrons rôtis, jusqu'à 4-5 jours au réfrigérateur.

MUHAMMARA

Prêt en 10 minutes

Mixer les poivrons restants avec ½ gousse d'ail, 50 g de cerneaux de noix, 2 c. à soupe de chapelure, 2 c. à soupe d'huile d'olive, du sel, du poivre et un peu de piment. À servir en dip à l'apéro ou à tartiner sur du pain.

TARTINES CHÈVRE & POIVRON

Prêt en 10 minutes

Faire griller des tranches de pain de campagne, les frotter avec ½ gousse d'ail, les tartiner de chèvre frais, poser les lanières de poivrons grillés. Mixer ½ botte de persil avec 2 c. à soupe d'huile d'olive, un peu de sel et de poivre et déposer ce mélange sur les tartines. Parsemer d'amandes grillées hachées.

CHAKCHOUKA VERTE

P. 174

AVEC LES RESTES DE LA CHAKCHOUKA VERTE, JE CUISINE AU CHOIX :

1 PESTO
P. 176

Avec les restes du mélange de légumes

2 QUICHE VERTE
P. 177

Avec les restes du mélange de légumes

POUR LA CHAKCHOUKA VERTE

FRUITS, LÉGUMES ET HERBES

- 6 courgettes
- 2-3 brins de thym
- 100 g de roquette
- 1 citron
- 12 brins de persil plat

SURGELÉ

- 200 g de petits pois surgelés

FRAIS

- 4 œufs
- 100 g de feta

ÉPICERIE

- 50 g d'olives vertes dénoyautées
- huile d'olive
- piment en poudre
- sel et poivre

LA LISTE DES COURSES

POUR LES DÉCLINAISONS

1

PESTO

- 50 g d'amandes
- 40 g de parmesan râpé
- ½ citron
- 1 poignée de roquette
- 200 g de tomates cerise
- huile d'olive

QUICHE

- 1 pâte brisée
- 2 œufs
- 10 cl de crème fraîche
- 150 g de yaourt épais
- piment

2

Chakchouka verte

POUR 4 PERSONNES
PRÉPARATION : 15 MINUTES
CUISSON : 25 MINUTES

6 courgettes
2-3 brins de thym
100 g de roquette
12 brins de persil plat
50 g d'olives vertes dénoyautées
200 g de petits pois surgelés
1 filet de jus de citron
4 œufs
100 g de feta
huile d'olive
piment en poudre
sel et poivre

Préchauffer le four à 210 °C. Couper les courgettes lavées en dés, les mélanger avec 2 cuillerées à soupe d'huile, assaisonner de sel et de poivre, saupoudrer de thym et enfourner pour 15 à 20 minutes environ, le temps que les courgettes deviennent tendres et commencent à dorer.

Mixer les trois quarts des courgettes cuites (avec leur jus de cuisson s'il y en a) avec la roquette (en garder un peu pour parsemer), le persil, les olives, la moitié des petits pois, 1 cuillerée à soupe d'huile d'olive, un trait de jus de citron, saler, poivrer. Si besoin, ajouter un peu d'eau pour obtenir une consistance légèrement coulante. Mélanger avec les petits pois et courgettes non mixés.

Dans une poêle, mettre 1 cuillerée à soupe d'huile d'olive et la moitié de ce mélange (on garde le reste pour une autre recette), réchauffer doucement en mélangeant, faire 4 trous et y casser les œufs, laisser cuire 3 à 4 minutes à feu doux ou davantage selon les goûts. Quand ils sont cuits, servir la chakchouka parsemée de roquette, de dés de feta, et d'un peu de piment.

Mémo pour les déclinaisons

PESTO
P. 176
Préparer aussitôt le pesto avec le reste du mélange de légumes, le recouvrir d'huile et le garder jusqu'à 8 jours au réfrigérateur.

QUICHE
P. 177
Garder le reste du mélange de légumes jusqu'à 2 jours au réfrigérateur, au-delà, le congeler.

déclinaison n° 1

PESTO

Prêt en 20 minutes

Mixer une petite partie du mélange restant (on ne mixe pas tout pour garder des morceaux de courgette et des petits pois entiers) avec 50 g d'amandes torréfiées. Mélanger avec le reste des légumes. Ajouter 30 g de parmesan râpé, 1 c. à soupe d'huile d'olive et un peu de zeste de citron. Utiliser comme sauce pour des spaghettis, avec du parmesan râpé, de la roquette et 200 g de tomates cerise coupées en quatre.

déclinaison n° 2

QUICHE VERTE

Prêt en 50 minutes

Ajouter au mélange restant 2 œufs, 10 cl de crème fraîche et 150 g de yaourt épais, vérifier l'assaisonnement et ajouter un peu de piment. Verser dans un fond de pâte brisée placée dans un moule à tarte et précuit. Cuire 35 minutes dans le four préchauffé à 180 °C.

POMMES AU FOUR

P. 182

AVEC LES RESTES DES POMMES AU FOUR, JE CUISINE AU CHOIX :

1 CRUMBLE

P. 184

Avec la chair de 8 pommes au four

2 POMMES EN NEIGE

P. 185

Avec les pommes au four restantes

POUR LES POMMES AU FOUR

FRUITS

- 12 pommes reinette
- 1 orange

FRAIS

- 40 g de beurre demi-sel

ÉPICERIE

- 1 gousse de vanille
- cannelle en poudre
- 60 g de raisins secs ou cranberries séchées (si on aime)
- 20 cl de jus de pommes ou de cidre

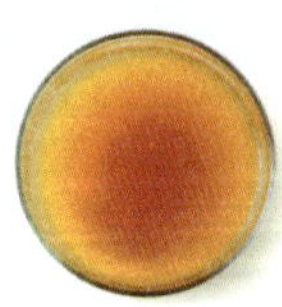

POUR LES DÉCLINAISONS

1

CRUMBLE

- 150 g de farine
- 110 g de beurre
- 80 g de sucre
- 1 jaune d'œuf

POMMES EN NEIGE

- 3 blancs d'œufs en neige
- 70 g de sucre en poudre
- 20 cl de crème liquide

2

Pommes au four

POUR 4 PERSONNES
PRÉPARATION : 20 MINUTES
CUISSON : 40 MINUTES

12 pommes reinette
40 g de beurre demi-sel mou
1 gousse de vanille
cannelle en poudre
le zeste finement râpé de 1 orange
60 g de raisins secs ou cranberries séchées (si on aime)
20 cl de jus de pommes ou de cidre

Préchauffer le four à 190 °C. Laver les pommes, les évider avec un vide-pomme ou un couteau pointu pour enlever le trognon. Mélanger le beurre mou avec les graines grattées de la gousse de vanille et une bonne pincée de cannelle. Ajouter le zeste d'orange et les raisins ou cranberries.

Placer les pommes dans un plat à four et les fourrer avec le beurre parfumé. Verser le jus de pommes (ou le cidre) au fond du plat et enfourner pour 40 minutes environ : la cuisson dépend de la taille et du type des pommes, mais elles doivent sortir boursouflées et la chair très tendre.

Servir avec de la crème fraîche et des sablés.

Mémo pour les déclinaisons

CRUMBLE
P. 184
Récupérer la chair de 8 pommes à la cuillère et jeter la peau.

POMMES EN NEIGE
P. 185
Garder les pommes jusqu'à 1-2 jours au réfrigérateur.

déclinaison n° 1

CRUMBLE

Prêt en 50 minutes

Écraser la chair de 8 pommes cuites dans un plat à four (plus petit que celui des pommes au four). Préparer la pâte à crumble : sabler du bout des doigts 150 g de farine, 110 g de beurre mou, 80 g de sucre et 1 jaune d'œuf. Répartir sur les pommes et cuire 35 minutes au four préchauffé à 180 °C.

POMMES EN NEIGE

Prêt en 45 minutes

Monter 3 blancs d'œufs en neige, incorporer délicatement 70 g de sucre. Déposer cette meringue sur les pommes restantes, dorer 20 minutes au four préchauffé à 180 °C, jusqu'à ce que le dessus colore légèrement. Servir avec de la crème liquide.

TABLE DES RECETTES

A

B

C

E

F

L

M

N

O

P

Q

R

S

T

W

INDEX PAR INGRÉDIENTS

Remerciements

Merci à Audrey, Élise, Sabrina, Christine, Charlotte et Natacha.

Photographies : Charlotte Lascève
Stylisme : Sabrina Fauda-Rôle et Christine Légeret
Mise en pages : Chimène Denneulin
© Shutterstock : gressins, pain de mie, blettes, chou rouge, poireaux, graines de fenugrec, chou-fleur, gousses de vanille, estragon frais, poivrons rouges, cresson, croûtons, noix de coco râpée, panais, cerfeuil, épinards frais et surgelés, tomate cœur-de-bœuf, cacahuètes.

8072465
978-2-501-14502-2
Dépôt légal : octobre 2019
Achevé d'imprimer en septembre 2019
chez Graficas Estella en Espagne.